마애부도 사여탄

윤회, 그리고 피안彼岸의 세상을 꿈꾸다

마애부도 마애탑

초판 1쇄 발행 2023년 4월 28일

지은이 임병기 **펴낸이** 김언경 **펴낸곳** 홍익출판사
편집 조영성 **표지디자인** 정희욱 **calligraphy** 박필우
주소 대구광역시 중구 명륜로23길 38-4
전화 (053) 421-6700, 427-3627 **팩스** (053) 423-5965
E-mail / hongick8821@daum.net

내용 중 일부는 조선일보에서 개발한 궁서체 글꼴(폰트)을 사용하였습니다.

정가 20,000원

ISBN 978-89-7826-310-8

마애부도 사애탐

임병기 지음

홍익
출판

책을 펴내며

답사라는 낱말이 대중화되기 이전부터 우리 문화재가 그냥 좋아 방방곡곡을 헤매었습니다. 민속 문화에서 시작된 우리 문화에 대한 애정이 30년이 더 지난 동안 지정문화재는 물론이고 많은 비지정 문화재와 인연 지었습니다.

30년 답사에서 잊지 못할 장면들이 파노라마처럼 스쳐 갑니다. 죽을 고비를 넘긴 홍천 신봉리사지 석탑부재, 월출산 대문안골 석불입상, 무려 6번째 답사에서 인연을 지었던 하동 사리암지 부도, 함양 상무주암 회암당 부도, 가야산 칠부 능선의 석조비로자나불 등 일일이 나열할 수 없을 만큼 많은 현장에서 일어났던 숨은 사연을 이제는 웃으면서 반추할 수 있습니다.

그 사이 답사 문화와 현지 사람들의 반응이 많이 변했습니다. 답사 초기에는 아무도 찾지 않던 산골에 방치된 석불을 어떻게 알고 왔느냐며 직접 안내해 주던 마을 어르신이 많았는데, 요즘은 안내는 고사하고 존재하지 않는다고 손사래부터 치는 현실이 안타깝습니다. 답사라는 명목으로 개인 사생활 침해, 도난 위험 노출, 시골 마을과 어울리지 않는 복장으로 동리를 들쑤시고 다니는 행태 등에 기인한, 어쩌면 당연한 결과입니다.

깊은 산골, 마을 주변, 개인 소장, 등 필자가 처음으로 활자화한 비지정 석조문화재가 부지기수입니다. 그렇게 올린 글이 답사를 즐기는 사람들에게 길잡이가 되었고, 논문, 저술에 참고 자료로 실린 순기능도 있지만, 안타깝게도 필자가 답사한 직후 도난당한 문화재가 10여 건이 넘는 역기능도 있었습니다.

답사 현장에서 직접 목격한 많은 비지정 문화재에 대한 관리 실태는 통탄할 지경이었습니다. 화려하게 치장한 이면에 가려진 부끄러운 지자체와 사찰의 민낯을 수없이 목격했습니다. 초기에는 건의도 하고 전화도 하였지만 이제는 자포자기 상태입니다. 그 사례를 지면에 밝힐 수 없음이 안타까울 뿐입니다.

또한, 문화재 엉터리 복원 현장을 언급하지 않을 수 없습니다. 필자가 가장 관심을 가진 석조물, 특히 석탑에서 자주 발견됩니다. 지자체와 사찰을 특정할 수 없지만 석탑 상륜부의 노반을 뒤집은 사례는 비일비재하며, 안상이 새겨진 상층기단 중석을 뒤집어 놓고, 면석 안팎을 반대로 끼우는 등 한심한 현장도 있었습니다.

하지만 옛 부재를 활용하여 복원한 현장도 여러 곳 있었습니다. 비슬산에서 반출되어 대구시 달성군 현풍초교에 방치되어 있던 석탑 부재를 대부분 사용하여 동서삼층탑으로 조성한 현풍포교당 사례를 다른 지자체와 사찰에서는 타산지석으로 삼아야 할 것입니다.

지리산 골짜기에서 헤매던 중에 만나 길을 안내해준 광주 동신대 교수와 일행, 함양 삼성산에서 뵌 비속비승의 도인, 밀양 소태리 마애여래삼존 위치를 정확하게 알려준 자연과 더불어 살아간다고 했던 자연인이 뇌리를 스칩니다. 그리고 파주 민통선 안 마애사면불과 석불입상을 안내했던 군인, 단양 기봉당 마애부도를 친절하게 알려준 마을 토박이 어른 등 답사를 포기하고 귀가 도중에 만나 현장까지 동행해준 고맙고, 소중한 수많은 인연을 잊지 못합니다. 이런저런 답사 현장에서 일어났던 에피소드, 문화재에 대한 짧은 소회를 2009년 개설한 답사동호회 '옛님의 숨결, 그 정취를 찾아(https://cafe.daum.net/moonhawje)와 동일 명칭의 daum tistory(https://12977705.tistory.com/)에 게재하기 시작하였습니다. 현재까지 필자 시각으로 쓴 글이 거의 6,000여 편에 이릅니다. 글 중에는 우리나라 석탑, 석탑부재 현장 1700여 곳이 실려 있고, 우리나라 마애불 등은 모두 답사하였으며, 현재까지 알려진 석불, 특히 비지정 석불, 부도(마애부도 포함)도 대부분 섭렵하였습니다.

오래전부터 주위에서 답사기를 책으로 발간하라는 이야기를 들었지만, 일천한 안목과, 부족한 글재주, 무엇보다도 사진 촬영을 즐기지 않은 성격 탓에 언감생심 꿈도 꾸지 않았습니다.

최근에 다시 몇몇 분이 더 늦기 전에 준비하라는 거듭되는 재촉에 욕심을 내었지만 주제 선정이 무척 어려웠습니다. 1700여 석탑, 우리나라 전체 부도, 비지정 석불 등은 분량이 방대하여 제외하였으며, 모두 답사한 마애불 등은 이미 전문 서적이 출간되어 주제로 삼을 수 없었습니다.

오랜 고심 끝에 아직까지 동일 주제로 발간된 책이 없는 우리나라 마애부도와 마애탑을 주제로 선택하였습니다. 정확한 정보 전달을 위해 현재의 주변 환경과, 여건을 다시 답사한 후 글을 써야겠지만, 옛 답사기를 수정, 보완하는 것에 그쳐 아쉬움으로 남습니다.

이 책은 전공자, 학자, 전문가 관점에서 쓴 글이 아니라 필자의 안목으로 바라본 시각입니다. 그런 까닭에 심도 있는 분석보다는 답사를 즐기는 사람들에게 길눈이가 되었으면 좋겠습니다.

숨겨 놓은 일기장을 공개하듯이 부끄러운 내용이지만, 용기를 북돋아 주고, 흔쾌히 사진을 제공해준(참고 문헌에 별도 표기) 답사 동호회원, 마애부도를 답사 후 자료를 공유해준 임성환 님, 논문과 문헌을 원고 교정에 도움준 최석훈님, 이계재님, 편집을 도맡아 준 박필우님, 30여년 답사 길에서 인연 지었던 모든 분들에게 지면을 통해 다시 한 번 고개 숙여 감사드립니다. 무엇보다 원고를 알아봐주신 홍익출판사 김언경 대표께 고마움을 전합니다.

마지막으로 우리 가족, 특히 능력 없고 못난 지아비를 묵묵히 응원해준 아내 서월숙에게 진심으로 고맙고 사랑한다는 말을 전하며, 아울러 어머니와 영천 국립호국원에 잠들어 계신 아버지에게 이 책을 받칩니다.

2023년 04월 삼가 씀 임 병 기(선과)

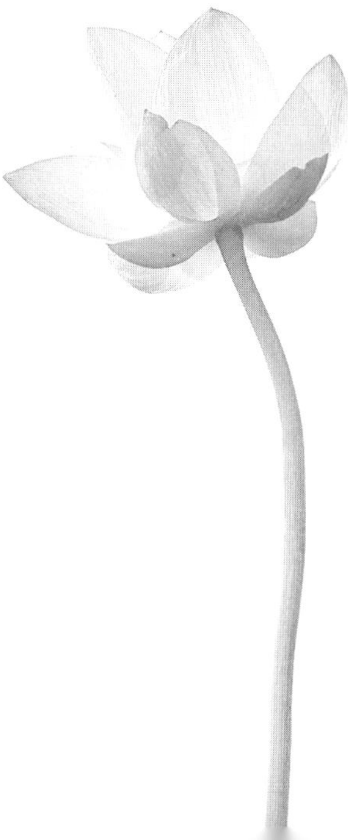

목차

2편. 마애탑

머리말

浮屠는 浮圖와 혼용되어 사용되거나 浮頭, 蒲圖, 佛圖 등 다양하게 표기되며 처음에는 부처의 사리를 모신 佛塔을 의미했다. 그러나 세월이 흐르면서 고승을 비롯하여 승려 사후에 수습된 사리를 봉안한 조형물을 통칭하게 되었다. 우리나라에 부도가 세워진 시기는 불교가 공인된 삼국시대로 추정되지만 삼국통일 이전에 조성된 부도는 남아있지 않다.

우리나라 부도의 시원은 양양 진전사지 도의선사탑이다. 선종과 구산선문 도입 후 개산조의 팔각원당형 탑과 탑비가 건립되며 이들 대부분이 남아 있다. 불교를 통치 철학으로 삼은 고려시대에도 팔각원당형 부도가 주류를 이루며 전국적으로 세워진다.

고려 말(1379년) 여주 신륵사 나옹 화상 부도를 대표적으로, 유교를 국시로 삼은 조선 전기까지 석종형 부도가 건립되었다. 이후 승려들이 전투에 참여하여 혁혁한 공을 세운 임진왜란을 기점으로 불교 중흥기를 맞아 팔각원당형, 육각원당형, 방형, 석종형. 원구형 등의 다양한 부도가 세워진다.

또한 18세기 부터는 암벽에 감실을 만들어 사리를 봉안하는 전혀 새로운 양식의 부도인 마애부도가 출현하게 된다. 마애부도는 승려뿐만 아니라 일반 재가신도, 상궁의 사후에도 세워 졌으며, 19~20세기 중반을 정점으로 현대까지 이어지고 있다.

필자는 전공자가 아닌 까닭에 이 책에서는 마애부도 등장 배경, 불교미술사적 의의, 불교 경전 등에 관한 구체적이고 심도 있는 내용은 논외로 하였다. 다만, 필자가 직접 답사 후 기록했던 답사기를 보완하여 전국에 분포한 마애부도의 특징, 양식, 명칭, 주인의 신분, 조성시기, 分舍利, 문화재 지정 여부 등의 현황을 집계하였다. 그리고 서울, 경기, 강원, 충청, 전라, 경북, 부산, 울산, 경남 순으로 지역에 분포한 마애부도를 구체적으로 살펴보았다. 하지만 이 책에 실린 마애부도 가운데도 관점에 따라 마애부도로 분류하기 어려운 사례도 있을 것이다. 향후 연구자들의 다양한 글을 기대하며, 답사를 즐기는 사람들의 안내서가 되었으면 좋겠다.

2010년에 국가지정문화재 지정 명칭 부여 지침에 의하면 국보나 보물 이상의 부도는 주인공이 밝혀진 경우 ~塔, 알려지지 않은 부도는 僧塔으로 변경되었다. 그러나 보물로 지정된 마애부도는 없으며, 또한 부도 주인을 알더라도 재가신도에게 승탑 명칭을 부여할 수 없으므로 기존대로 마애부도 명칭을 일괄 적용하였다.

1편. 마애부도

1장

마애부도 현황

현재까지 명문이 확인된 최초의 마애부도는 1783년에 조성된 안양 염불사의 법흥거사 마애부도이다. 그러나 개인적으로는 1702년에 조성된 의령 백련사 각월당 혜흠대사 마애부도로 추정한다.

1. 등장 배경

임진왜란과 정유재란 이후 왕실, 지배 세력인 사대부들의 승려에 대한 인식이 좋아지고 불교에 대한 강한 거부감이 사라지게 되면서 전쟁으로 폐사 직전인 사찰 복원 불사에 많은 도움을 주게 된다. 한편으로는 이전에는 고승들의 전유물이었던 부도를 모든 승려와 사찰 복원에 큰 시주를 하거나 운영에 도움을 준 재가신도들의 묘탑으로도 조성하였다. 18세기 후반부터 궁중에서 물러나 공식적으로 사찰에서 수계를 받아 법명을 득한 상궁들이 사후 청신녀 이름으로 부도를 세우게 된다. 하지만 승려와 같은 지위를 누릴 수 없는 까닭에 소략하게 암벽에 사리를 안치했을 것으로 추정된다. 더불어, 재가 남자 신도로 알려진 신사 · 거사도 사대부 집안뿐만 아니라 왕실에서 은퇴한 내시 등의 신분일 가능성도 없지 않기에 많은 시간과 정성이 요구되는 일반적인 석종형 부도를 조성하기에는 어려움이 따랐을 것이다.

물론, 종형으로 건립한 재가신도 부도도 여럿 있다. 고려시대에 조성한 춘천

| 왼쪽부터 이자현, 정의옹주, 행호조사 모탑 |

청평사 이자현 부도[1], 1400년대 초반 함양 안국사 행호조사모탑[2], 1493년에 세운 태종의 다섯째 딸인 정의옹주의 남양주 수종사 사리탑[3]이 종형 부도이다.

그리고 비구와 비구니 마애부도가 18세기 말~20세기 초중반에 집중적으로 나타나는 배경은 사찰의 궁핍한 재정과 일제 강점기라는 시대적 환경 때문에 궁여지책으로 짧은 시간에 특별한 장식 없이 마련했을 것으로 추정된다. 마지막으로 사찰 운영, 불사 지원을 목적으로 조직한 寺刹契[4]와도 무관하지 않을 것이다. 단정 지을 수 없지만 서울 봉원사의 5기, 남양주 불암사의 8기, 구리 아차산의 4기, 안양 염불사의 3기 등은 사찰 계원의 부도이며, 부도를 조성한 장인도 같은 집단일 가능성이 높아 보인다.

2. 조성 시기

현재까지 명문이 확인된 마애부도 가운데 가장 이른 시기의 부도는 1783년에 조성된 안양 염불사의 현진당 법흥거사 마애부도로 알려져 있다. 개인적으로는 1702년 명문(康熙 四十一年 壬午)이 새겨진 경남 의령 백련사 각월당 혜흡대사의 散骨形 부도를 최초의 마애부도로 추정한다.

1 춘천 청평사 부도. 마애부도. 임병기(선과). 2019년 (https://12977705.tistory.com)

2 함양 안국사 은광대화상 부도. 임병기(선과). 2016년 (https://12977705.tistory.com)

3 남양주 수종사 팔각오층탑. 삼층석탑. 부도. 임병기(선과). 2013년 (https://12977705.tistory.com)

4 한상길. 禪學. 조선 후기 사원의 불사와 寺刹契. 한국선학회. 2011년 4월 30일

다만 '覺月堂 惠欽大師 浮O 造成, 片手 斗輝' 명문 중에 '浮O'를 浮屠로 단정할 수 없으며, 造成의 의미는 앞으로 연구자들의 규명이 필요할 것이다.

그 외 1793년 안양 불성사 각연선사 마애부도, 1797년 부산 금정산 동곡당과 무운당 마애부도가 18세기에 세워졌다.

19세기 초 남양주 불암사의 비구니 승매(1814년), 청신녀 정념(1812년), 중반에는 경남 고성 옥천사 혜우당(1861년), 서봉당(1879년), 청도 신둔사 보현수 이씨 마애부도(1852년)에 이어 19세기말부터 20세기 초반에 가장 많은 마애부도가 조성되었다. 19세기 말에 조성된 부도는 서울 도선사 김상궁(1873년), 천축사 청신녀 정월(1877년), 서울 봉원사 상궁 준법화(1868년), 상궁 수천화(1893년), 청신녀 경불화(1877년), 남양주 내원암 청신녀 선경(1892년) 등의 마애부도가 있다.

20세기에 조성된 마애부도는 안양 염불사 홍련화(1922년), 구리 이보리성(1930년), 밀양 표충사 효봉(1963년), 남양주 불암사 안진호(1965년). 서울 안양암 양학화상(1973년). 남양주 불암사 비구니 만허당(1994년) 마애부도가 있다.

21세기에 들어서서도 2006년경 금산 개덕사 진상당 마애부도, 2010년대 초반 부산 태호당 대안선사 마애부도, 가평 백련사 관조당 마애부도는 2022년 10월 24일에 세워졌다.

3. 부도 주인(主)

마애부도에 새겨진 명문에는 여러 계층의 부도 주인이 새겨져 있다. 대부분 비구, 비구니, 상궁을 포함한 재가 여자신도인 청신녀(신녀), 재가 남자신도인, 청신남(신사, 거사)으로 대별된다. 전체 82기 중 비구의 부도가 압도적으로 많은 37기, 다음으로 청신녀 20기로 조사되었다. 비구니 부도는 구리 아차산 막조당 덕삼, 남양주 불암사 승매, 구례 화엄사 순홍 부도가 있다. 상궁 부도는 서울 도선사 김상궁, 봉원사 상궁 준법화, 상궁 수천화 부도가 전한다.

마애부도 주인(표1)

부도 주	비구니	비구	상궁	청신남	청신녀	기타	계
명	3	37	3	6	20	13	82

안양 반월암 서영당 추씨, 청도 신둔사 사리탑, 창녕 삼성암 황씨 극락, 명문이 없는 부도는 기타로 분류하였다.

4. 지역별 분포 현황

지금까지 답사한 기준으로는 1702년에 조성된 의령 백련암 각월당 마애부도부터 2022년 10월에 봉안한 가평 백련사 관조당 마애부도까지 전국에 82기가 분포하고 있다. 현장 답사한 서울 연화사 청신녀 송무루성 사리비는 산골형 마애부도비로 추정되지만, 산골 장소가 명확하지 않아 제외하였다. 그리고 남양주 임꺽정봉 磨崖孔, 속리산 상고암 磨崖孔, 안양 염불사 磨崖孔 천안 만일사 磨崖孔, 봉화 북지리 磨崖孔 답사하지 못한 영월 선달산 磨崖孔 서울 석굴암지 磨崖孔은 집계하지 않았다.

지역별 분포 현황(표2) (단위: 기)

지역	서울	경기	강원	충청	전라	경북	부산	울산	경남	계
현황	20	21	2	2	6	5	5	1	20	82

* 서울 인왕산 석굴암 사리공, 정읍 장문리 사리공은 각각 2기로 집계

5. 부도 유형

마애부도는 크게 碑身形, 位牌形, 石鐘形, 龕室形, 散骨形으로 구분하였다.[5] 碑身形은 암벽을 석비처럼 구획한 후 사리공을 조성하고 명문을 새긴 형태이다. 1873년에 봉안된 서울 도선사 김상궁 사리탑이 비신형이다.

位牌形은 비신과 받침대를 갖춘 유형으로 사리공이 있고 명문을 각자한 마애부도를 말한다. 1783년에 조성된 안양 염불사의 현진당 마애부도가 위패형이다.

石鐘形은 일반 승탑과 같은 조형이며, 2010년대에 고부조로 조성한 부산 금강공원의 태호당 대안선사 마애부도를 제외하고는 대부분 선각이다. 해인사 원당암의 인파당 마애부도는 바위 전면에 부도 주인, 후면에 석종을 새긴 특이한 유형이다. 1797년에 조성된 부산 금정산 동곡당과 무운당 마애부도가 가장 빠른 시기의 석종형 마애부도이다.[6]

龕室形은 특정한 형태를 갖추지 않고 원형, 방형사리공만 있거나, 사리공에 명문을 새긴 형태의 마애부도를 말한다.

순천 선암사 성윤수좌 부도는 바위 전면에는 부도 주인, 사리공은 바위 뒷면에 새겼다.

散骨形은 암벽에 사리공을 마련하지 않고 암반 밑, 또는 큰 바위 주변에 다비 후 수습된 사리, 유골을 매장 하거나 뿌리고 명문을 음각한 유형이다. 부산과 경남 지방에 집중적으로 분포되어 있으며 1702년에 조성된 의령 백련사 각월당 마애부도, 1861년에 조성한 경남 고성 옥천사의 혜우당 마애부도가 산골형이다.

---

5 엄기표는 碑身形, 位牌形, 石鐘形, 龕室形, 龕室屋蓋形으로 구분하였다. (조선 시대 마애부도의 특징과 조성 배경. 동악미술사학. 제19호.2016년) 이지원은 刻字形. 龕室奉安方式에 따라 位牌形. 碑石形. 遺骨函形. 方形. 石鐘形으로 구분하였다. (용인대학교 석사논문. 조선후기 마애부도 연구. 안양지역을 중심으로. 2020년)

6 안양 불성사 각원선사 석종형 부도는 1796년으로 추정되지만 확인되지 않는다.

함양 벽송사 서룡당 마애부도는 사리공 없이 비신형에 탑호를 새긴 유형이다.

애부도 유형(표3) (단위:기)

유형	비신형	위패형	석종형	감실형	산골형	계
현황	18	16	7	19	22	82

6. 부도 명칭

대부분 마애부도는 탑 주인의 신분, 성별, 성씨와 본관, 법명을 새겼으며 이전의 부도 명문처럼 浮屠, 堂, 塔, 舍利, 舍利塔(函)이 주류를 이루고 있다. 비구와 재가 남자신도 부도는 比丘, 大師, 禪師, 居士, 淸信男, 信士, 乾 등의 명문을 새겼다. 비구니와 재가 여자신도 부도는 比丘尼, 尼, 尙宮, 淸信女, 信女, 坤, 수계 법명을 붙였다. 그 외에도 일반적으로 널리 알려진 명칭과 별칭이 사용되었다.

1) 出世塔

서울 봉원사의 설담대사 덕민, 청신사 이각초, 상궁 청신녀 준법화, 청신녀 수천화, 남양주 불암사의 청신녀 정심, 청신녀 덕원의 마애부도에 새겨져 있다. 멀지 않은 서울 근처의 두 사찰의 출세탑 명문을 새긴 장인은 동일 인물이거나 또는 같은 장인 소속의 사람일 가능성도 있을 것 같다. 出世塔은 佛家에서 전해오는 육도 윤회에서 벗어나 극락왕생하라는 의미를 담은 것으로 이해된다.[7] 또한 양산 통도사의 대운당 봉협, 관허대사 병형의 마애부도에도 출세탑으로 이름하였다.

7 엄기표는 위 논문에서 육도 윤회로 설명하고 있다.

2) 靈珠塔, 靈骨塔

靈珠塔은 서울 천축사 청신녀 정월, 신녀 O영, 사자암 청신녀 만원행, 청신녀 조씨 극락원, 학도암 청신녀 월영, 구례 화엄사 비구니 순홍 마애부도의 명칭이다. 靈珠와 靈骨은 공주 마곡사 대원암 승탑원의 1729년에 세운 淸溪堂大師雪和靈骨神珠安塔에도 새겨져 있다.[8]

그리고 靈骨은 단양 기봉당 궤운대사, 함양 벽송사 의봉당 마애부도에 새겨져 있다. 靈骨은 전남 강진 월남사지의 진각국사 혜심(1178~1234)의 탑비(1234년)에도 사리를 靈骨로 표기되어 있어 오래전부터 별칭으로 통용되었음을 짐작할 수 있다.

"師微笑跏趺而化° 明日茶毗於月燈寺之北峯° 拾靈骨還本山° 上聞之震悼° 贈謚眞覺國師° 乙未仲炎° 葬于廣原寺之北° 遂立浮圖° 上賜額曰圓炤之塔"

국사는 미소를 지으면서 가부좌하고 죽었다. 이튿날 월등사의 북쪽 산봉우리에서 화장하고 그 유골을 주워서 本山으로 돌아왔다. 임금이 이 소식을 듣고 매우 슬퍼하였으며 진각국사 시호를 내렸다.을미년 여름에 광원사의 북쪽에 장사를 지내고 드디어 부도를 세우니, 임금이 원소지탑이라고 사액하였다.[9]

3) 灵跡之塔. 頂骨舍利函. 放光塔

남양주 내원사 청신녀 광명화, 불암사 청송당 성감선사 마애부도에는 灵跡之塔으로 칭하였다.

---

8 공주 마곡사 대원암 부도전. 임병기(선과). 2019년 (https://12977705.tistory.com)

9 이규보 동국이상국전집 제35권(한국고전 종합 DB)

또한 서울 안양암 양학대화상과 거사 이선행 부도비에는 頂骨로 각자하였다. 한편 부산 경남 지역에는 마애부도뿐만 아니라 부산 범어사 승탑원, 범어사 원효암 승탑원, 산청 쌍계사 승탑원에도 放光塔으로 명기한 부도가 많이 세워졌다[10]. 마애부도의 경우에도 산청 대원사의 효봉당 · 석봉당, 하동 쌍계사 편운당 · 제봉당 · 자월화상, 경남 고성 옥천사 혜우당 · 서봉당 放光塔이 있다.

4) 기타(極樂願, 極樂, 佛道. 有功)

극락원, 극락, 불도는 자칫 부도의 이칭 또는 극락왕생의 염원으로 이해하기 쉽다. 극락원은 서울 사자암 조씨 극락원 영주 탑비, 부산 금정산 김씨 극락원 사리탑에 새겨진 명문이다. 두 곳 답사 후 기록한 필자 답사기에도 극락왕생을 기원하는 염원이라고 기록되어 있다. 하지만 極樂願은 극락왕생의 의미가 아니라 재가 여자신도의 법명이며, 부도 별칭도 아니었다.

2013년 문화재청에서 발간한 자료에 의하면 부산에 살았던 金 極樂願은 범어사 '舍利塔施主芳名碑' 시주자 명단에 十円을 시주한 것으로 기록되어 있다.[11] 또한, 국가지정 보물인 통도사 금강계단 시주자 명단에는 權氏 極樂願도 있다.[12] 그리고 경남 산청 원각사에 소장하고 있는 1933년에 조성된 지장시왕도 화기에도 引勸化主 金氏極樂願이 등재되어 있다.[13] 서울시 문화재자료인 안양암의 명부전 시왕도 화기에도 1923년 淸信女 丙辰生 魯氏極樂願

10　범어사 승탑원 방광탑: 담해당 덕기(1933년), 나운당 취홍(20세기 초), 회현당석전대선사(20세기 초), 혼해당찬윤대사(1913년), 우화당성규대사(1897년), 범어사 원효암 승탑원 방광탑:경봉당선관대사(1901년), 월영당영진대화상(1916년). 산청 대원사 승탑원 방광탑:용서당장영, 서곡당방광비(1916년),동은당방광비(1890년)

11　한국의 사찰문화재. 부산.울산.경남(2)자료집. 문화재청.(재)불교문화재연구소. 2010년

12　한국의 사찰문화재. 부산.울산.경남(2)자료집. 문화재청.(재)불교문화재연구소. 2010년

13　한국의 사찰문화재. 경남(1)자료집. 문화재청.(재)불교문화재연구소.2009년

이 시주한 기록이 보인다.[14]

따라서 極樂願은 재가 여자신도 법명이라 하겠다. 그 외에도 범어사 사리탑 시주 방명비에는 재가여자 신도의 법명인 徐極樂化. 金極樂化, 李佛法化 등이 있으며, 1925년에 조성한 부산 혜원정사 팔상도 화기에는 淸信女 乙丑生 崔氏 極樂行이라는 법명도 실려 있다.[15]

極樂願이 재가여자 신도로 밝혀졌기 때문에 極樂, 佛道명문을 새긴 탑 주인도 재가 여자신도 가능성이 높다고 하겠다. 그런 명문은 경남 창녕 삼성암의 黃氏 極樂 舍利塔, 경기도 안양 염불사 礪山 宋氏 佛道가 있다.

함양 벽송사 서룡당 부도의 탑호는 瑞龍堂 有功塔이다. 유공의 정확한 의미는 알려지지 않았다.

7. 分舍利 사례

조선시대 이전에는 석가여래를 제외하고 부도는 입적한 사찰 또는 오래 주석한 절처럼 특별한 인연이 있는 곳에 한 기만 봉안하였다. 그러나 고려 말 회암사에서 주석하던 나옹선사가 집권 세력에 밀려 밀양 영원사로 가던 중 신륵사에서 입적한 뒤 나옹의 몸에서 수습한 많은 사리를 양주 회암사, 여주 신륵사, 문경 대승사 윤필암, 원주 영전사(국립 중앙박물관 이건)에 나누어 봉안하면서 분사리가 시작되었다.

이후 사명당 등 많은 승려의 부도가 분사리 되었으며, 幻寂堂 智鏡(1603~1690)의 분사리 부도 8기는 생전에 인연이 깊었던 문경 봉암사, 춘천 문수사(청평사), 충주 월악산 덕주사, 대구 용연사, 봉화 태백산 각화사, 거창 연수사, 합천 가야산 해인사 홍제암, 칠곡 대곡사(현 대흥사)에 봉안하였다.

14 한국의 사찰문화재. 서울시 자료집. 문화재청. (재)불교문화재연구소.2013년

15 한국의 사찰문화재. 부산.울산.경남(2)자료집. 문화재청.(재)불교문화재연구소. 2010년

통도사 승탑원에 있는 逍遙門人友雲堂真熙大師碑 명문에 의하면 真熙大師 부도는 통도사를 비롯하여 10곳 사찰에 부도를 세웠다.

頂骨二片舍利九枚州爭奉十寺分安[16]

慶州 遠源寺. 星州 龍淵寺. 大丘 湧泉寺. 蔚山 雲興寺, 青松寺. 東萊 梵魚寺. 密陽 靈井寺. 清道 磧川寺. 慶山 慶興寺. 此本寺骨奉安

康熙三十三年甲戌三月 日立

필자가 답사한 마애부도 가운데 명문을 근거로 분사리로 추정되는 사례는 西影堂 부도와 比丘尼 順洪 부도가 있다. 서영당 부도는 안양 반월암, 안양 염불사, 구리 아차산에 있으며, 비구니 순홍 부도는 구례 화엄사 승탑원에 마애부도와 부도를 조성하였다.

서영당 분사리 부도(표4)

봉안 장소	명문	조성시기	부도유형	비고
안양 반월암	西影堂 秋氏OO	19C	마애(碑身)	안양반월암
안양 염불사	信士西影堂智弘 嘉慶十五年庚午 都化主信士大信	1810년	石鐘形	안양 염불사 서영당지홍
구리 아차산	西影堂信士秋氏旻弘之塔	19C	마애(散骨)	구리 서영당

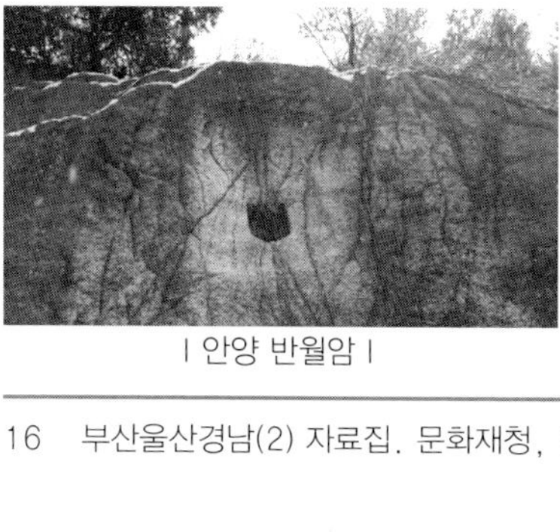

| 안양 반월암 |

| 염불사 서영당 지홍 |

| 아차산 서영당 |

16 부산울산경남(2) 자료집. 문화재청, (재)불교문화재연구소. 2013년

신사 서영당의 행적은 전하지 않는다. 그리고 반월암 추씨 부도의 OO은
㚖O처럼 읽히며 비구인지, 청신남인지 구분할 명문이 없지만 信士로 추정된다.

비구니 순홍 분사리 부도(표5)

봉안 장소	명 문	조성시기	부도유형	비 고
구례 화엄사	比丘尼順洪靈珠塔	20C	마애(散骨)	비구니 순홍
구례 화엄사	尼順洪知云應安塔	20C	石鐘形	비구니 순홍

| 마애부도 |

| 석종형 부도 |

비구니 순홍의 마애부도는 승탑원 밖 바위에 감실 없이 비신 형태에 명문을 새겼으며, 석종형 부도는 승탑원 출입 계단 전면에 현대에 세운 부도 2기 사이에 있다. 순홍지운탑 옆에는 1941년에 봉안된 진응대종사 승탑과 1919년에 세운 호은대율사 탑비가 있어 순홍 탑도 20세기에 조성한 부도로 추정된다.

8. 문화유산으로 지정된 마애부도

조선 시대에 조성된 부도에 비해 상대적으로 문화유산으로 지정된 마애부도는 많지 않다. 그나마 국가지정, 시도지정 문화재는 없고 문화재 자료와 기초 지방지자체의 향토문화재로 지정되었으며 수도권에서만 찾을 수 있다. 더불어 2021년 11월부터 시행된 문화재 지정번호 폐지에 준하여 지정 종목만 표기하였다.

문화유산으로 지정된 마애부도(표6)

<table>
<tr><th>봉안 장소</th><th>지정 명칭</th><th>지정 종목</th><th>지정 대상</th><th>지정일</th><th>비고</th></tr>
<tr><td>서울 천축사</td><td>천축사 마애사리탑</td><td>문화재자료</td><td>창신녀정월영주봉안탑
신녀 O영 영주탑</td><td>2016.2.18</td><td>마애</td></tr>
<tr><td>서울 학도암</td><td>학도암 마애사리탑</td><td>문화재자료</td><td>환O당선사 취근지탑
청신녀월영영주지탑</td><td>2015.8.20</td><td>마애</td></tr>
<tr><td rowspan="2">안양 염불사</td><td rowspan="2">염불사 부도군</td><td rowspan="2">향토문화재</td><td>현진당 법홍거사
여산 송씨 불도</td><td rowspan="2">2018.7.26</td><td>마애</td></tr>
<tr><td>신사 서영당 지홍
청신사 인봉당 대심
운수거사도일(?)당명심탑</td><td>승탑원</td></tr>
</table>

안양시 향토문화재 염불암 부도는 마애부도 2기, 승탑원 석종형 3기가 지정되어 있다.

이상과 같이 직접 답사한 마애부도에 대한 다양한 현황을 살펴보았다. 필자가 미처 살피지 못한 세부적인 특징과 해석, 알려지지 않은 마애부도 사례 등은 학계와 전공자들의 현장 답사, 연구와 사료 고증을 통해 보완되기를 기대한다.

2장

서울시 마애부도

靑信女 明心行

재가 여자신도인 명심행은 1822년에 태어나서 1904년에 운명한 밀양 최씨로, 호국지장사에 소장 중인 서울시 유형문화재 지장시왕도와 현왕도 화기에 대시주자로 기록되어 있다.

서울시 마애부도

서울에 분포한 마애부도는 우리나라 전체 82기 가운데 21기가 유존하는 경기도에 이어 두 번째로 많은 20기가 남아 있다. 1819년 조성된 학도암 청신녀 월영탑으로부터 19세기 후반의 봉원사 상궁 준법화(1868년), 상궁 수천화(1893년), 청신녀 경불화(1877년), 도선사 김상궁(1873년), 천축사 청신녀 정월(1877년) 등 조성 시기가 확인된 부도 외에도 많은 부도가 봉안되었다.

20세기에 들어서도 초기의 호국지장사 명심화(1904년)를 비롯하여 널리 분포하며 1973년 안양암 양학화상까지 이어졌다.

부도의 주인공도 비구(봉원사 운담대사, 안양암 양학화상, 학도암 취근), 상궁(도선사 김상궁, 봉원사 상궁 준법화, 상궁 수천화), 남자 재가신도(원통사 풍운거사, 안양암 이선행, 봉원사 이각초), 재가 여자신도(천축사 정월 , 사자암 조씨 극락원 外)가 있다.

사리탑 외에도 다양한 부도 별칭(탑, 영적지탑, 영주봉안탑, 영주탑, 출세지탑, 정골사리함)을 사용하였다. 특히 봉원사의 마애부도는 출세지탑이라는 이칭을 사용하여 동일 장인 또는 특정 장인 집단의 작품임을 암시하고 있다. 사자암의 청신녀 만원행, 청신녀 조씨 극락원은 영주탑을 사용했으며 천축사, 학도암에서도 사례를 볼 수 있다.

서울시에 분포된 마애부도 유형은 크게 비신형(도선사 김상궁, 내원사 광명화, 원통사 풍운거사, 천축사 청신녀 정월 外)과 위패형(봉원사 상궁 수천화, 청신녀 경불화, 사자암 청신녀 만원행 外)으로 구분된다. 도봉산 식당바위, 인왕산 석굴암의 방형, 원형마애부도는 사리공만 마련한 산골형이다.

마지막으로 호국지장사 밀양 최씨 명심화, 봉원사 안씨 경불화, 봉원사 청신녀 수천화 마애부도는 주인공의 생몰 연대를 추정이 가능하다. 그리고 천축사 청신녀 정월 영주봉안탑, 신녀O영 영주탑, 학도암 환O당 취근 탑, 청신녀 월영 영주탑은 각각 서울시 문화재자료로 지정되어 있다.

서울시 마애부도 현황(표7)

순	봉안 장소	명문	조성 시기	부도 유형
1	도선사	金尙宮 淨光花之舍利塔 同治癸酉十月 日立	1873년	碑身形
2	호국지장사	靑信女 壬午生 密陽 崔氏 明心行 甲辰十月初三日 造成	1904년	碑身形
3	내원사	淸信女 光明花 灵跡之塔	19C말 추정	碑身形
4	천축사	淸信女 淨月 靈珠奉安塔 丁丑四月日	1877년	碑身形
5		信女 O英 靈珠塔 壬午八月	1882년	碑身形
6	원통사	風雲居士塔	19C말 ~20C초	碑身形
7	봉원사	雪潭大師 德旻 出世之塔	20C 초	碑身形
8		淸信士 李覺初 出世之塔	20C초	碑身形
9		尙宮淸信女 竣法華 戊戌生 金氏 出世之塔	19C 후반	碑身形
10		淸信女甲戌生安氏敬佛華舍利塔光緖三年 丁丑	1877년	位牌形
11		淸信女 己卯生 修千華出世之塔癸巳十月	1893년	位牌形
12	사자암	淸信女 萬願行 灵珠塔	19C 추정	位牌形
13		淸信女 趙氏 極樂願 靈珠塔	19C 추정	碑身形
14	안양암	重建主 養鶴大和尙 頂骨舍利函 癸丑六月十五	1973년	碑身形
15		居士李善行頂骨舍利碑	1962년	散骨形
16	학도암	幻O堂禪師就根之塔	19C 전반	位牌形
17		淸信女月影靈珠之塔 嘉慶二十四年己卯十月	1819년	位牌形
18	연화사	淸信女宋氏無漏性舍利碑 佛紀二九七五年戊子三月二十一日建立	1948년	塔碑
19	도봉산	명문 없음. 방형 감실		龕室形
20	인왕산	洪善. 방형감실		龕室形
21		명문 없음. 원형 감실		龕室形

* 연화사 송씨 무루성 사리비는 마애부도에 집계하지 않았다.

서울시 마애부도

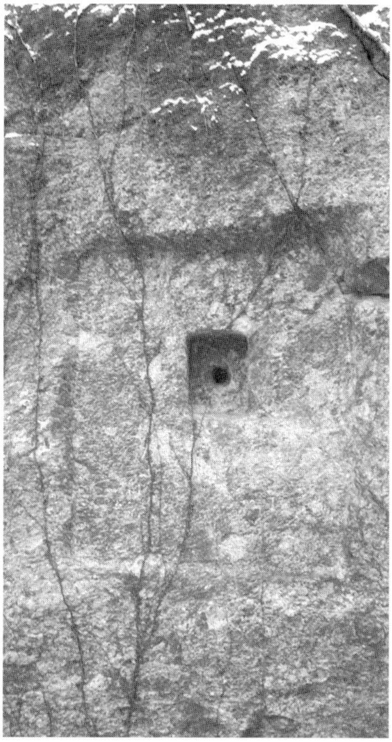

① 도선사 김상궁

② 호국지장사 명심행

③ 천축사 정월영주

④ 내원사 광명화

① 봉원사 설담대사
② 봉원사 이각초
③ 봉원사 준법화
④ 봉원사 수천화
⑤ 원통사 풍운거사

① 봉원사 경불화
② 사자암 만원행
③ 사자암 조씨 극락원
④ 안양암 양학

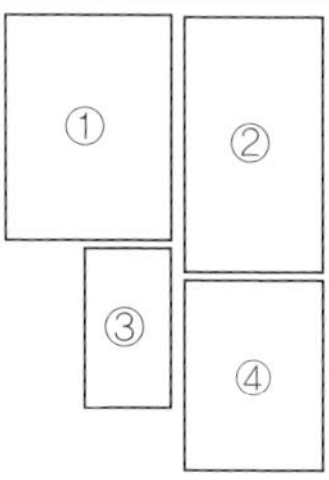

① 학고암 취근

② 연화사

③ 석굴암

④ 석굴암

① 안양암 이선행

② 학도암 월영

③ 도봉산 식당바위

④ 천축사 0영 영주

1. 김상궁 정광화지사리탑

도선사는 862년 도선국사에 의해 창건되었다고 전한다. 이후 사적은 전하지 않으며, 1863년 김좌근의 시주로 중수하고 칠성각을 신축하였으며, 1887년에는 임준이 오층탑을 건립하였다.[17]

| 도선사 오층석탑 |

문화재로는 서울시 유형문화재로 지정된 마애불입상, 목조아미타불 및 대세지보살상, 석조독성상을 비롯해 19세기 말에 조성된 지장시왕도, 괘불도, 묘법연화경, 대방광불화엄경소등의 성보를 소장하고 있다.

마애부도는 우이동 도선사에서 용암문으로 향하는 등산로 우측 바위에 있다.

17 도선사 홈페이지(www.doseonsa.org)

주변에는 기와조각, 도자기 조각이 널리 분포하여 도선사 산내 암자 터로 추정된다. 부도는 비신형으로 둥글게 마감한 탑 중앙 세로 두 줄에는 부도 주인, 옆에는 작은 글씨로 조성 시기를 새겼다. 상단에 마련한 방형 사리공의 덮개는 없어졌다.[18]

| 김상궁 사리탑 |

銘文

金尚宮淨光花之舍利塔

(김상궁 정광화지사리탑)

同治癸酉十月 日立

(동치 계유 시월 일 립)

정광화 법명을 받은 왕실 상궁의 부도이다. 김상궁이 은퇴 후 사가에 거주하면서 공덕을 지었는지, 궁궐에 있으면서 사찰 불사에 참여했는지는 알 수 없으나 도선사와 깊은 인연을 쌓았을 것으로 짐작된다. 동치는 청나라 목종 동치제의 연호이며 동치 12년은 1873년 계유년이다. 조성 시기와 부도 주인, 직업을 알수 있는 부도이다.

18 서울 김상궁 마애부도. 임병기(선과). 2017년 (https://12977705.tistory.com)

2. 호국지장사 청신녀 임오생 밀양 최씨 명심행

호국지장사는 통일신라 말 도선국사가 葛弓寺로 창건하였다. 이후 고려 공민왕 때 보인스님이 華藏庵으로 중창했다. 조선 선조 때 11대 중종의 후궁이자 선조의 할머니인 창빈 안씨 묘를 사찰 인근으로 모시며 중창해 華藏寺로 바꾸고 묘를 돌보며 제례물을 준비하는 造泡寺刹로 지정하였다.

한국전쟁이 끝난 후 부지를 희사하여 국립서울현충원 조성에 기여하였다. 1983년 주지 혜성스님이 호국지장사로 이름을 바꿨다. 경내에는 철조여래좌상, 괘불도, 독성도, 감로도, 현황도 등의 문화재를 소장하고 있다,

ㅣ호국지장사 철불좌상ㅣ

마애부도는 절 뒤편 바위에 있으며, 철제 펜스가 설치되어 근접할 수 없다. 부도는 표면을 장방형으로 얕게 파내고 중앙 위쪽에 사각형 사리공을 마련한 비신형이다. 사리공 좌우에는 부도 주인, 조성 시기 명문이 있다.

| 호국지장사 명심행 |

銘文

青信女 壬午生 密陽 崔氏

(청신녀 임오생 밀양 최씨)

明心行 甲辰十月初三日 造成

(명심행 갑진시월초삼일 조성)[19]

부도 주인공은 재가 여자신도인 밀양 최씨이며, 임오년에 출생하여 갑진년에 졸하였다. 다행히도 호국지장사에 소장하고 있는 서울시 유형문화재 지장시왕도와 현왕도 화기에 명심행 최씨 이름이 대시주자로 기록되어 있어 그녀에 대한 정보의 단편을 알 수 있다. 造成 명문을 새긴 사례는 경남 의령 백련사 각월당 혜흠대사 부도와 이 곳에만 있다.

地藏寺 現王圖, 地藏寺 甘露圖

畵記 光緖十九年癸巳三月十五日 點眼奉安

(중략)

大施主 淸信女壬午生崔氏明心華 淸信女丙申生吳氏蓮池華[20]

19 한국의 사찰문화재. 서울시 자료집. 문화재청. (재)불교문화재연구소. 2013년

20 한국의 사찰문화재. 서울시 자료집. 문화재청. (재)불교문화재연구소. 2013년

광서는 청나라 덕종제의 연호이며 19년은 1893년, 간지는 계사년이다. 따라서 마애부도에 새겨진 건립 연도인 갑진년은 1893년 이후 1904년 10월이다.

또한 출생한 임오년은 화기에 기록된 광서 19년(1894년) 이전인 1822년이다. 즉, 밀양 최씨 명심화는 1822년에 태어나서 1904년에 졸하여 다비 후 사리를 이곳에 안치하였다.[21]

생몰년을 새긴 마애부도는 흔하지 않으며, 서울에는 봉원사의 청신녀 갑술생 안씨 경불화 사리탑, 청신녀 기묘생 수천화 출세지탑이 있다.

3. 내원사 청신녀 광명화 영적지탑

삼각산 내원사는 1208년 고려시대 보조국사에 의해 창건된 사찰로 전하며, 고대박물관이 소장하고 있는 국가지정 보물인 1824년경에 김정호가 제작한 首善全圖에 내원암으로 표기되어 있다. 또한 1859년 (철종 10) 만들어져 사찰에 전하는 白衣大士佛圖 목판에도 삼각산 내원암이 기록되어 있다.[22]

광명화 영적지탑은 내원사 입구 우측 개울 건너에 있다. 바위 표면을 얕게 圭首形(비석 머리 부분 모서리의 각을 접은 형태)으로 파내고 그 안쪽을 둥글게 나눈 후 다시 규수형 비신을 상 · 하로 구획하여 위에 사리공을 두었다. 아래에는 명문을 좌우에 새겼으며 사리공 덮개는 없어졌다.

21 서울 호국지장사 마애부도. 임병기(선과) 2018년 (https://12977705.tistory.com)

22 내원사 홈페이지(www.naewonsa.net)

| 내원사 광명화 |

銘文

清信女 光明花 灵跡之塔

(청신녀 광명화 영적지탑)

광명화 수계를 받은 재가 여자신도의 부도이며, 사리의 다른 이름인 灵跡으로 표기했다. 영적은 불암사 청송당 성감대선사의 부도에도 새겨져 있다. 조성 시기를 표기하지 않아 정확한 건립 연대는 알 수 없으나 1859년 백의대사 불도 제작에 시주자로 참여했을 가능성이 높아 보인다.[23]

4. 천축사 청신녀 마애부도

천축사는 677년 의상대사가 의상대에서 수도할 때, 제자를 시켜 암자를 짓게 하고, 玉泉庵이라 한 것에서 출발하였으며, 그 뒤 고려 명종 때에 근처 寧國寺의 부속 암자로 맥을 이었다. 이후 조선시대인 1398년(태조 7)에 함흥에서 돌아오던 태조가 옛날 이곳에서 백일기도하던 것을 상기하며 절을 중창하고 천축사라는 사액을 내렸다고 한다. 또 1474년 성종의 왕명으로 천축사가 중창되었고, 명종 때에는 文定王后가 화류용상을 하사하며 불좌를 만들었다고 한다. 이후 많은 불사를 거쳐 오늘에 이르고 있다.[24] 현존하는 문화재로는 서울시 유형문화재인 비로자나삼신괘불도, 목조석가삼존불 등이 있으며, 마애

23 서울 내원사 마애부도. 임병기(선과). 2018년.(https://12977705.tistory.com)

24 천축사 홈페이지(cheonchuksa.kr)

부도 2기는 2016년 서울시 문화재로 지정되었으며, 지정 명칭은 천축사 마애사리탑이다. 서울 학도암의 선사 취근탑, 청신녀 월영탑도 서울시 지정 문화재자료이다.[25]

1) 청신녀 정월영주 봉안탑

정월영주 봉안탑은 천축사 일주문 향 우측 바위에 있다. 바위 면을 깎아 내고 비신을 조성하였으며, 상부는 둥글게 마감하였다. 상부에 세 줄로 명문을 새겼으며, 하부에 방형 사리공을 마련한 비신형이다. 사리공 덮개는 남아 있지 않다.

| 정월 영주 봉안탑 |

銘文

淸信女 淨月靈珠 奉安塔

(청신녀 정월영주 봉안탑)

丁丑四月日

(정축사월일)

정월 법명을 가진 재가 여자신도의 부도로 靈珠라는 별칭을 붙였다. 영주는 서울 사자암 마애부도 등 여러 곳에서 보인다. 일반 승탑에 새긴 비슷한 별칭은 공주 마곡사 대원암 부도전의 1729년에 세운淸溪堂大師雪和靈骨神珠安塔이 있다. 따라서 靈珠는 靈骨神珠의 줄임말로 생각된다. 한편, 전남 강진 월남사지에 세운 진각국사혜심(1178~1234)의 탑비에 사리를 영골로 표현하고 있어 영골신주는 오래전부터 사리의 별칭으로 통용되었음을 짐작할 수 있

25 경기도 안양 염불사의 승탑원 3기 부도, 마애부도 3기는 2018년 안양시 향토문화재로 지정 되어 있다.

다.[26]

청신녀 정월은 천축사에 소장중인 서울시 유형문화재인 天竺寺毘盧遮那三身掛佛圖와 天竺寺毘盧遮那三身佛圖 畵記[27]에 실린 제작년도를 통해 조성시기인 丁丑年을 유추해 볼 수 있다. 왜냐하면 불화 조성 때 대시주자로 참여했을 가능성이 높기 때문이다.

비로자나삼신괘불도는 咸豊八年戊午三月日에 제작되었다. 함풍은 청나라 문종 함풍제의 연호(1851~1861)이며, 8년은 1858년이다. 또한 비로자나삼신불도는 화기에 의하면 光緒十七年辛卯十二日十八日에 봉안되었음을 알 수 있다. 광서는 청나라 덕종 광서제의 연호(1875~1908)로, 17년은 1891년에 해당된다.

두 불화의 제작년도를 고려하면 마애부도 조성년도 丁丑年은 1877년 또는 1937년이다. 하지만 19세기 말~20세기 초에 널리 분포한 마애부도 양식으로 판단하면 1877년으로 추정된다. 1858년에 조성한 비로자나삼신괘불도 화기에는 재가 여자 신도인 坤命庚申生元氏, 坤命乙酉生金氏, 信女癸丑生朴氏淸淨月 등이 기록되어 있다. 그렇지만 그녀들이 마애부도의 주인공인 청신녀 정월로 단정할 단서는 찾지 못했다.

2) 신녀 O영 영주탑

천축사 청신녀 정월 부도와 같은 바위 뒷면에 있다. 비신형으로 하부에 방형 2단 사리공을 마련했으나 사리공 덮개는 망실된 상태이다. 영주탑 주인, 조성시기 명문은 마모되어 육안 식별이 쉽지 않다. 정월 영주탑과 더불어 낭떠러지 바위 면에 자리한 까닭에 답사 때에는 주의를 요한다.

26 이규보 동국이상국전집 제35권. 한국고전 종합 DB

27 한국의 사찰문화재. 서울 자료집. 문화재청. (재)불교문화재연구소. 2013

| 신녀 O영 영주 |

銘文

信女O英靈珠塔

(신녀 O 영영주탑)

壬午八月[28]

(임오팔월)

재가 여자신도인 O英의 부도이며 정월 영주탑과 동일한 별칭을 새겼다. 재가 남자 신도인 淸信士를 줄여 信士, 여자 재가 신도인 淸信女를 줄여 信女로 칭하는 사례가 종종 발견된다. 세운 연도인 壬午年은 조선 후기 1762년, 1822년, 1882년이 해당되지만 천축사 정월 영주탑 조성 시기(1877년)를 감안하면 1882년으로 추정된다.[29]

5. 원통사 풍운거사 탑

863년(경문왕 3)에 도선 국사가 원통사로 창건하였으며, 1053년 관월 운개가 중창, 1392년 天隱得一이 삼창하였다. 영조 때 유인이 중수하고 報恩寺라 바꾸었다. 또 1810년에 승려 淸和, 1887년에 승려 應虛漢奎가 중창하였다. 일제강점기에도 여러 번의 불사를 거쳐 현재 가람의 면모를 갖추었다.[30] 풍운거사 탑은 도봉산 우이봉 아래에 자리한 원통사 축대 맞은편에 있다.

28 엄기표는 명문을 신사화영당주탑. 임오 팔월(信士花英堂珠塔　壬午八月)로 설명하였다.(조선시대 마애부도의 특징과 조성 배경. 동악미술사학. 제19호. 2016년)

29 서울 천축사 마애부도. 임병기(선과). 2019년 (https://12977705.tistory.com)

30 디지털도봉구문화대전(dobong.grandculture.net/)

암벽 상부를 둥글게 마감한 비신형 부도이며 상부에 사리공, 하부에 세로로 당호를 새겼다. 사리공에는 덮개가 남아 있다.

| 원통사 풍운거사탑 |

銘文

風雲居士塔

(풍운거사탑)

居士는 일반적으로 재가 남자신도 중에서 수행을 오래하여 신심이 돈독한 신도를 말한다. 따라서 부도 주인은 재가 남자신도이며, 조성 시기는 전하지 않는다. 다만, 19세기 말부터 20세기 초반까지 원통사에는 중창과 전각 보수 등의 많은 불사가 있었으며, 그때 시주하였던 인물로 생각된다.[31]

6. 봉원사 마애부도

봉원사는 한국불교 태고종의 총본산이다. 통일신라시대 도선국사가 현 연세대(연희궁)터에 창건하였으며, 이후 고려시대에는 태고 보우스님이 크게 중창하였다. 조선의 태조 이성계는 이색에게 태고국사의 비문을 짓게 하고 태조 5년에는 원각사 삼존불을 조성하여 봉원사에 봉안하였고, 후에는 전각을 세워 태조의 御眞을 봉안하였다. 임진왜란으로 소실되어 1651년 지인대사가 중창하였으나 다시 소실되어 극령, 휴엄 스님에 의해 중건되었다. 1748년 찬즙, 증암스님이 현 위치로 이건하였고, 영조는 친필로 奉元寺라 현액하였다.

31 서울 원통사 마애부도. 임병기(선과). 2019 (https://12977705.tistory.com)

| 봉원사 마애부도 |

이후 정조, 고종, 일제강점기, 근 · 현대까지 많은 불사가 이어져 오늘의 모습을 갖추었다.[32]

마애부도는 봉원사 입구 다비장으로 알려진 주변 바위에 설담대사와 신사 이각초 탑 2기와 상궁 준법화, 청신녀 경불화, 청신녀 수천화 탑 3기가 방향을 달리하여 조성되어있다. 부도의 이름을 출세지탑으로 지었다. 이는 육도윤회에서 벗어나 극락왕생하라는 의미로 생각된다.

여러 기 탑을 동일한 장소에 조성한 배경에는 조선후기 사찰의 신도들을 중심으로 조성한 사찰계, 승려들의 모임인 갑계에서 찾을 수 있으며 부도 주인들은 계원일 가능성이 높아 보인다. 또한 부도 조형으로 미루어 조성한 장인도 봉원사 소속 장인이거나 동일 장인 집단으로 추정된다.[33]

사찰계는 신도들 보시로 자금을 마련하고 절의 의례, 불사 참여, 전각 개보수 등을 지원하였으며 궁극적으로는 극락왕생을 염원하는 요즘의 사찰 신도회로 판단해도 무방하겠다.

---

32 봉원사 홈페이지(bongwonsa.or.kr/)

33 서울 봉원사 마애부도. 임병기(선과). 2018년 (https://12977705.tistory.com)

"부산 범어사 甲午甲契는 승려 중심의 모임으로 사찰에 거주하는 동갑 또는 비슷한 연령의 승려들이 조직했던 계를 가리킨다. 동갑계라고도 한다. 사찰계의 한 형태로, 큰 사찰에는 10여 종 이상의 사원계가 동시에 조직되어 있기도 하였다. 계원이 승려만으로 구성되고 그 목적이 補寺에 있었던 계로는 甲契, · 都宗契, 私宗契, 魚山契 등이 있었는데, 그중 갑계의 활동이 가장 활발하였다. 부산 범어사 경내에는 '甲午甲補寺壇碑', '甲子甲員補寺碑', '戊子甲補寺壇碑' 등의 갑계와 관련된 마애비가 남아 있다."[34]

1) 설담대사 덕민 출세지탑

봉원사 입구, 이각초 출세지탑과 같은 바위에 조성된 부도이다. 동일 인물이 조성한 것처럼 이각초 출세지탑과 흡사한 형태이나, 대사의 마애부도 사리공은 2단으로 바깥은 방형, 안쪽은 원형 사리공으로 조성하였다. 하단에는 부도 주인공의 명문을 새겼으며 상부는 화문으로 장식 하였다.

| 설담대사 출세지탑 |

銘文

雪潭大師 德旻 出世之塔

(설담대사 덕민 출세지탑)

설담 대사의 부도로 행적은 전하지 않으며 출세라는 부도의 이칭을 사용하였다.

出世는 육도윤회에서 벗어나 극락에 들었다는 의미로 추정되지만 정확한 의미는 알 수 없다. 같은 바위에 있는 이각초 출세탑의 양식으로 추정하면 20세기 초반에 조성한 마애부도로 생각된다.

34 부산 역사문화대전. 금정구(http://busan.grandculture.net/?local=busan)

2) 청신사 이각초 출세지탑

설담대사 마애부도 옆에 자리한다. 장방형 탑신 상부는 둥글며, 하부에는 주인공, 조성시기 등을 새긴 명문이 있다. 그 위쪽에는 방형 사리공을 두었고, 맨 위는 보개로 보이는 화문으로 마감하였다. 설담대사 부도와 흡사한 비신형이다.

| 청신사 이각초 |

銘文

淸信士 李覺初 出世之塔

(청신사 이각초 출세지탑)

재가 남자 신도인 이각초의 마애부도이며, 출세라는 별칭을 새겼다. 출세는 봉원사 마애 사리탑 3기와 더불어 다른 곳에서도 보이는 별칭이다.한편, 승정원일기 기록에 의하면 이각초(1863~1907)는 고종 연간의 인물로 1901년까지 활동한 인물이다. 따라서 20세기 초반에 조성된 마애부도임을 알 수 있다.[35]

3) 상궁 청신녀 준법화 무술생 김씨 출세지탑

봉원사 입구 2기 마애부도 옆 바위에 3기의 부도가 있다.상궁 준법화탑은 가장 우측에 있다. 보개처럼 보이는 돌출된 암벽 아래에 새긴 비신형으로 사리공은 타원형 안쪽에 방형 2단으로 조성하였다. 하단의 탑비에는 주인공 명문이 남아 있다.

---

35 엄기표. 조선시대 마애부도의 특징과 조성 배경. 동악미술사학. 제19호. 2016년

명문은 특이하게도 尙宮은 사리공 상단 좌우, 나머지 명문은 세로 2줄, 塔은 중앙 하단에 단독으로 새겼다. 상궁 명문을 상단에 배치한 것은 왕실에 있었던 상궁을 강조하려는 장인의 의도로 생각된다.

| 청신녀 준법화 |

銘文

尙宮 淸信女 竣法華 戊戌生 金氏

出世之塔

(상궁 청신녀 준법화 무술생 김씨 출세지탑)

조성 연도를 제외한 직업, 법명, 출생 년, 성씨, 성별을 새긴 부도이다. 옆에 자리한 경불화 부도 조성시기(1877년)를 기준으로 태어난 무술년은 1838년이며, 따라서 조성 시기는 19세기 후반으로 판단된다.

4) 청신녀 갑술생 안씨 경불화 사리탑

상궁 김씨 출세지탑 옆에 있는 위패형 마애부도이다. 소박하게 꾸민 다른 마애 부도와 다르게 받침대의 연화문, 장방형 탑신, 옥개석을 복련으로 장식하여 화려한 편이다. 상부에 방형 사리공을 마련하고 아래에 명문 넉 줄을 세로로 새겼다. 셋째 줄에는 塔만 기록하였고, 넷째 줄에는 작은 글씨로 세운 해를 각자하였다.

| 청신녀 경불화 |

銘文

清信女 甲戌生 安氏 敬佛華 舍利塔

(청신녀 갑술생 안씨 경불화 사리탑)

光緖三年 丁丑

(광서3년 정축)

경불화 법명을 가진 여자 재가신도 안씨 부도로, 조성시기 광서 삼년 정축(1877년)을 기준으로 하면 출생한 갑술년은 1814년이다.

출생과 졸년을 새긴 흔치 않은 유형의 마애부도이다. 이런 유형은 옆에 있는 수천화 출세지탑과 국립현충원 호국지장사의 청신녀 임오생 밀양 최씨 명심행 마애부도에서 볼 수 있다.

5) 청신녀 기묘생 수천화 출세지탑

| 청신녀 수천화 |

銘文

清信女 己卯生 修千華 出世之塔

(청신녀 기묘생 수천화 출세지탑)

癸巳十月

(계사 시월)

탑신 상부에 방형 사리공을 조성하고, 하부에 주인공 명문을 새겼다. 받침의 연화문 표현은 청신녀 안씨 사리탑과 동일하며, 상부 연화문은 상궁 준법화 사리탑 장식과 흡사하다. 따라서 3기의 마애사리탑은 동일 장인, 또는 집단에 의해서 조성된 것으로 생각된다. 경불화 부도와 더불어 부도 주인의 생몰년을 알 수 있고 출세지탑이라는 부도의 다른 이름을 새겼다. 동일한 유형의 경불화 마애부도 조성 시기(1877년)를 기준으로 삼으면 수천화 법명을 받은 재가 여자 신도는 기묘년(1819년)에 출생하여 계사년(1893년)에 세상을 떠났다. 부도는 장례 후 수습한 사리를 봉안한 위패형 출세지탑이다. 생몰년을 새긴 유형은 옆에 있는 수천화 출세지탑과 국립현충원 호국지장사의 청신녀 임오생 밀양 최씨 명심행 부도에서 볼 수 있다.

7. 사자암 마애부도

동작구 상도동에 있는 사자암은 1396년 무학이 창건했다. 1726년(영조 2) 숙종의 여섯 째 아들 연령군의 부인 서씨가 사별한 남편과 다시 만날 것을 발원하여 아미타불상을 개금했다. 1910년 경암이 극락전과 산신각, 요사를 중수했으며, 1936년 성월이 극락전을 보수했다. 1977년 원명이 주지로 부임한 뒤 현재의 가람배치를 갖추었다.[36]

| 목조아미타여래좌상 |

경내 문화재로는 1726년 개금한 조선후기에 조성된 목조아미타여래좌상, 1846년에 봉안한 지장탱화와 신중탱화, 1880년에

36 한국민족문화대백과사전

그린 현왕탱화, 1909년의 영산회괘불도가 서울시 문화재로 지정되어 있다. 19세기에 봉안된 불화 화기는 마모가 심하여 분명하지 않으나 일주문 입구 바위 면의 마애부도는 불화 조성 때 대시주자, 또는 사찰 운영에 기여한 공로가 있는 청신녀의 것으로 추정된다.

1) 청신녀 만원행 영주탑

| 청신녀 만원행 |

만원행 영주탑은 비신 상부에 잇대어 방형 사리공의 안쪽을 좁게 치석한 사다리꼴이며, 단 위에 비신이 있는 위패형처럼 보인다. 비신에는 세로 두 줄로 명문을 새겼다. 부도의 이칭인 영주탑으로 표기하였다.

銘文

清信女 萬願行 灵珠塔

(청신녀 만원행 영주탑)

생몰 연대를 알 수 없는 만원행 법명을 수계 받은, 여자 재가신도의 탑으로 灵珠 표기는 서울 천축사 청신녀 정월탑을 비롯하여 여러 곳에 있다. 사리공 덮개는 결실된 상태이다.

2) 청신녀 조씨 극락원 영주탑

비신 상부에 방형 사리공을 이중으로 마련하였다. 사리공 덮개는 없어졌다. 탑신에 두 줄로 당호를 새긴 비신형 탑이다. 처음에는 청신녀 조씨의 극락왕생을 기원하며 봉안한 부도로 이해하였다. 그러나 서울 안양암 시왕도, 부산 범어사 사리탑시주방명비, 경남 산청 원각사에 소장하고 있는 지장시왕도 불화 화기에 極樂願이 시주자로 기록되어 있다. 따라서 極樂願은 재가 여자 신도의 법명임을 알 수 있다. 조선 후기에 조성된 불화 화기에는 極樂願 뿐만 아니라 極樂行, 極樂化 법명도 많이 실려 있다.

| 조씨 극락원 |

銘文

淸信女 趙氏 極樂願 靈珠塔

(청신녀 조씨 극락원 영주탑)

청신녀 조씨 극락원의 영주 탑으로 극락원 법명은 부산 금정산의 김씨 극락원 사리탑, 창녕 삼성암 황씨 극락(원) 사리탑과 더불어 3곳에서 확인된다. 봉원사 마애부도와 비슷한 시기인 19세기 말경에 봉안한 부도로 생각된다.[37]

서울시 문화재자료인 안양암의 명부전 시왕도 화기에는 '1923년 淸信女 丙辰生 魯氏極樂願이 시주하였다'고 기록되어있으며[38], 1937년에 세운 것으로 추정되는 범어사 '사리탑시주방명비(舍利塔施主芳名碑)' 시주자 명단에 金極樂願이 十円을 시주한 것으로 등재되어있다.[39] 또한, 국가지정 보물인 통도사 금강 계단 시주자 명단에는 權氏 極樂願도 있다. 경남 산청 원각사에 소장하고 있는 1933년에 조성된 지장시왕도 화기에도 引勸化主 金氏極樂願이 기록되어 있어 여성재가신도의 법명으로 널리 쓰였음을 알 수 있다.[40]

37 서울 사자암 마애부도. 임병기(선과)2018년. (https://12977705.tistory.com

38 한국의 사찰문화재 서울 자료집. 문화재청.(재)불교문화재연구소. 2013년
舍利塔施主芳名碑. 舍利塔施主芳名 釜山 (중략) 十円秩 (중략) 金極樂願(하략)

39 한국의 사찰문화재. 부산 울산 경남 2 자료집. 문화재청.(재)불교문화재연구소.2009

40 한국의 사찰문화재. 경남 2 자료집. 문화재청.(재)불교문화재연구소.2010

그 외에도 범어사 사리탑시주 방명비에는 재가여자 신도의 법명인 徐極樂化. 金極樂化, 李佛法化 등이 있으며, 1925년에 조성한 부산 혜원정사 팔상도 화기에는 淸信女 乙丑生 崔氏 極樂行이라는 법명도 등재되어 있다.[41]

8. 안양암 마애부도

창신동에 자리한 안양암의 창건과 중건에 관한 사적은 경내에 있는 바위에 새겨진 명문을 통해 알 수 있다.[42]

開國四百九十八年己丑九月日 七星閣刱建.

居士 李性月 戊戌改稱安養庵

大正二年 癸丑 月◍日 重建 居士 子 養鶴.[43]

| 마애관음보살좌상 |

1889년 이성월이 칠성암으로 창건하여 1898 안양암으로 이름을 바꾸었다. 1913년 아들 양학 비구가 중건하였다. 경내에는 조선후기~일제강점기에 조성된 많은 성보가 서울시 유형문화재로 지정되어있다. 정골사리함 옆의 마애관음보살은 '隆熙三年己酉年' 명문이 새겨져 있어 1909년에 조성한 마애관음보살좌상임을 알 수 있다.

41 한국의 사찰문화재. 부산 울산 경남 2 자료집. 문화재청.(재)불교문화재연구소.2009

42 서울 안양암 마애관음보살, 마애부도. 임병기(선과). (https://12977705.tistory.com) 옛 답사기에는 春鶴으로 표기되어 있다

43 한국의 사찰문화재 서울 자료집.문화재청.(재)불교문화재연구소. 2013년

1) 양학대화상 정골사리함

정골사리함은 길쭉한 장방형 비신을 이중으로 치석하여 바깥 면 테두리에는 조성 연대를 탑신에는 당호를 새겼으나 육안으로 식별되지 않는다. 비신형 마애부도로 하부에는 원형 사리공이 있으며, 시멘트로 사리공을 막았다.

| 양학대화상 |

銘文

重建主 養鶴大和尚 頂骨舍利函

(중건주 양학대화상정골사리함)

癸丑六月十五日

(계축 유월 십오일)[44]

안양암을 중건한 창건주의 아들로 속명이 이태준(1879년~1973년)인 비구 양학화상의 사리를 봉안하였으며, 정골사리함이라는 별칭을 새겼다. 塔을 쓰지 않고 函으로 표기한 유일한 사례이다. 양학은 1913년 안양암을 중건하였으며, 1914년 안양암에서 조성하여 응선사에 소장중인 서울시 유형문화재 산신도에는 별좌 화주이었다. 그 외에도 많은 불화 화기에 이름이 등재되어 있으며, 1932년 안양암 사적비, 1937년 범종 봉안 때는 주지로 기록되어 있다. 경내에 1963년에 세운 공덕비가 있다. 위키백과에는 친일 승려로 기록되어 있다.

應禪寺山神圖

大正三年 甲寅陰十月初八日

44 한국의 사찰문화재 서울 자료집. 문화재청.(재)불교문화재연구소. 2013년

都監平等善柱 別座 化主 養鶴孝信[45]

梵鍾

李王殿下 王妃殿下 王世子 聖壽萬歲

昭和拾貳年丁丑正月日 安養庵千五百佛殿 住持李泰俊[46](하략)

마애정골사리함 주인은 창건자 이성월의 아들이며 안양암 중창주인 양학비구이다. 안양암을 중창한 1937년 이후 계축년은 1973년이다. 따라서 마애부도는 1973년에 조성되었다.

| 안양암 비석군 |

2) 거사 이선행 정골사리비

경내에 있는 1932년에 세운 사적비, 1963년에 건립한 이태준 공덕비와 나란히 서있는 비석이다.

45 한국의 사찰문화재 서울 자료집.문화재청.(재)불교문화재연구소. 2013년

46 한국의 사찰문화재 서울 자료집.문화재청.(재)불교문화재연구소. 2013년

| 이선행 정면 |

| 이선행 측면 |

碑銘

(정면)

居士李善行頂骨舍利碑

(거사 이선행 정골 사리비)

癸亥年 十二月十五日 入寂

(계해년 십이월 십오일 입적)

(측면)

佛紀二九八九年 壬寅 三月 日立[47]

(불기 이구팔구년 임인 삼월 일입)

癸亥年(1923년)에 입적하였으며, 정골사리비는 佛紀二九八九年 壬寅(1962년)에 세웠다. 이선행 거사는 안양암 신도로 합천 해인사에서 사망하여 화장 후 정골사리 한 개를 수습하여 동서문 밖 삼선평 바위 근처에 안장했다고 전한다. 사리비 조성 년대와 산골처가 전해오는 까닭에 마애부도 사례에 포함시켰으며, 사리공을 조성하지 않은 散骨形으로 분류하였다.

이선행은 1932년 권상로가 지은 안양암 사적비에 임술년(1922년) 초파일 만일회 참석자 명단에 기록되어 있다.

安養菴事蹟碑

佛紀二千九百五十九季 五月 日 雲陽 沙門 退耕權相老譔并書

(중략)十日年壬戌四月八日(중략)李善行(하략)[48]

47 한국의 사찰문화재 서울 자료집. 문화재청. (재)불교문화재연구소. 2013년

48 한국의 사찰문화재 서울 자료집. 문화재청. (재)불교문화재연구소. 2013년

9. 학도암 마애부도

鶴到庵은 1624년 무공이 불암산의 한 암자를 지금의 자리로 옮겨와 창건한 사찰이다. 1878년(고종 15) 벽운이 중창하였고 일제강점기인 1922년 성담이 절을 확장하였다. 1950년 한국전쟁 때 절이 소실되었고, 1965년 주지 김명호가 중창하여 오늘에 이른다.[49]

1870년 명성황후의 발원으로 조성된 마애관음보살은 서울시 지정 유형문화재이다. 2기의 위패형 마애부도는 동일 장인 집단에서 비슷한 시기에 조성한 것으로 추정되며, 2015년 학도암 마애사리탑이라는 명칭으로 서울시 문화재자료로 지정되었다.

| 학도암 마애부도 |

그밖에 문화재로 지정된 마애부도는 천축사에 청신녀 마애부도 2기가 있다.[50]

49 한국민족문화대백과사전

50 경기도 안양 염불사의 승탑원 3기 탑, 마애 탑 3기는 2018년 안양시 향토문화재로 지정되어 있다

1) 환O당 선사취근지탑

월영 사리탑 좌측에 있다. 마애부도는 위패형으로 비교적 큰 편이다. 상부 좌우를 모죽임하여 圭形처럼 보인다. 덮개가 결실된 사각형 사리공 아래에 세로로 당호를 음각하였다.

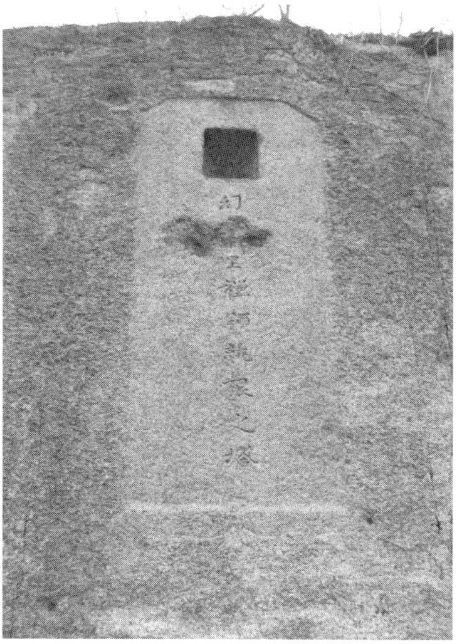

| 취근지탑 |

銘文

幻O堂禪師就根之塔

(환O당선사 취근지탑)

당호를 정확하게 알 수 없는 비구 취근 선사 마애부도이다. 조성 시기는 전하지 않지만, 1819년에 조성한 청신녀 월영과 동시대인 19C 전반으로 추정된다.

2) 청신녀 월영 영주지탑

청신녀 월영 영주지탑은 선사취근지탑 우측에 있으며, 상부에 방형 사리공, 하부에 두 줄로 부도 주인과 조성 시기를 음각했다. 받침대 위에 비신을 세운 위패형으로 사리공 덮개는 결실되었다.

영주는 사자암 마애부도 등 여러 곳에서 보인다. 일반 부도에 새긴 비슷한 별칭은 공주 마곡사 대원암 부도전의 1729년에 세운 청계당대사 설화 淸溪堂大師雪和靈骨神珠安塔이 있다.

또한, 전남 강진 월남사지에 세운 진각국사혜심(1178~1234)의 탑비에 사리를 영골로 표현하고 있어 영골신주는 오래전부터 별칭으로 통용되었음을 짐작할 수 있다.[51]

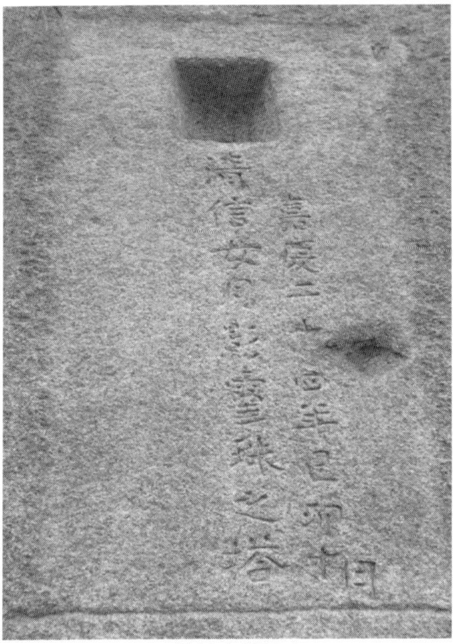

| 청신녀 월영 |

銘文

清信女月影靈珠之塔

(청신녀월영영주지탑)

嘉慶二十四年己卯十月

(가경이십사년기묘십월)

월영 법명을 수계 받은 재가여자 신도의 부도로 수도권 여러 마애부도에서 보이는 靈珠라는 이칭을 사용하였다. 특이하게도 세운 년도를 부도 주인공 명문 좌측에 새겼다. 조성 시기를 나타낸 명문 嘉慶은 청나라 인종 가경제의 연호(1796~1720)이며, 24년은 1819년이다.[52]

10. 인왕산 석굴암 마애 부도

수성동 계곡 석굴암 뒤편에 위치한다. 석굴암에서 마애 여래입상 방면으로 향하는 바위 우측 상단에 사리공이 있다. 하단 명문은 육안 식별이 곤란하지만, 주지 스님은 洪善으로 추정한다.

51 이규보 동국이상국전집 제35권(한국고전 종합 DB)위키백과사전

52 서울 학도암 마애부도.임병기(선과). 2018년 (https://12977705.tistory.com)

| 인왕산 석굴암 |

그러나 비구, 비구니 등의 명문을 새기지 않아 탑 주인의 성별은 확인되지 않는다.[53] 방형 마애사리공 맞은편 바위에는 몇몇 개의 원형 구멍이 있다. 한 기는 자연적으로 생긴 孔이 아니라 인위적으로 깊게 새겨 마애부도로 추정되며, 감실형으로 분류하였다.

11. 도봉산 식당바위 마애부도

| 도봉산 식당바위 |

53 서울 인왕산 석굴암 마애여래입상. 마애산신. 마애부도. 임병기(선과). (https://12977705.tistory.com)

도봉산 만월암에서 포대능선 정상으로 향하는 등산로 철계단 좌측 치마바위 아래에 위치하며, (전)의상암지로 전한다. 사지 앞으로는 도봉산 선인봉·만장봉·자운봉·신선대가 눈앞에 펼쳐지고, 터에는 와편·도자편이 산포하며, 주변 암벽에 인위적으로 가공한 3~4기의 방형, 원형 孔이 있다.

그러나 1기를 제외하고는 다른 용도의 구멍으로 사리공은 아닌 것 같다. 1기는 방형 사리공으로 추정되며 명문은 새기지 않았다. 이곳은 등산객들이 산행 중에 점심을 먹는 장소로 식당바위로 불린다고 한다. 감실형으로 분류하였다.[54]

12. 연화사 청신녀 송씨 무루성 사리비

| 송씨 무루성 비 |

銘文

清信女 宋氏 無漏性 舍利碑

(청신녀송씨무루성사리비)

佛紀二九七五年 戊子 三月二十一日 建立

(불기 2975년 무자 3월21일 건립)

동대문구 회기동에 자리한 연화사 경내에 있다. 천장산 연화사는 1499년(연산군 5) 연산군이 생모인 폐비 윤씨의 원찰로 창건하였다. 이후 연산군은 어머니 극락왕생을 기원하며 폐비 윤씨의 묘역인 회묘를 회릉으로 追陞하였다. 중종반정으로 다시 회묘로 강봉되었

54 서울 도봉산 식당바위 마애부도. 임병기(선과). 2019년 (https://12977705.tistory.com

으며, 현재는 서삼릉으로 옮겨 갔다. 서울시 유형문화재로 지정된 아미타괘불도, 칠성도, 천수관음도, 신중도, 지장시왕도를 소장하고 있다.

청신녀 송씨 무루성 사리비는 경내에 있으며 지대석 위에 사각형 대좌를 올리고 방형 비신을 세웠다. 전면에는 비석 주인, 뒷면에는 세운 날짜를 새겼다.

재가 여자신도인 송씨의 사리비로 무루성이라는 특이한 법명을 가졌다. 송씨 사리비가 어떤 연유로 연화사 경내에 세워졌는지 확인되지 않는다. 다비 후 수습된 사리를 산골하거나 매장한 것으로 추정되지만, 그 장소를 특정할 수 없어 마애부도로 분류하지 않았다. 불기 2975년은 서기 1948년이다.

3장

경기도 마애부도

西影堂 秋氏OO

안양 반월암 서영당 추씨 마애부도와 구리 아차산 西影堂信士秋氏旻弘之塔은 당호와 성씨가 같으며, 그런 연유로 동일 인물의 分舍利 가능성은 높아 보인다.

경기도 마애부도

경기도에는 현재까지 답사한 마애부도 82기 가운데 가장 많은 21기가 분포하고 있다. 1702년에 조성된 것으로 추정되는 의령 백련사 각월당 마애부도에 이어 두 번째로 오래된 1783년 조성된 안양 염불사 현진당 법홍거사 부도가 있다. 이어 1796년으로 추정되는 안양 불성사 각원대사 부도가 남아 있다. 19세기에도 남양주 불암사의 청신녀 정심(1812년), 비구니 승매(1814년), 남양주 내원암 청신녀 정씨(1892년), 안양 염불사 여산 송씨(1890년) 부도 등이 조성되었다. 조성 시기가 확인된 20세기에 봉안된 사례는 안양 염불사 청신녀 홍련화(1922년), 구리 아차산 이보리성(1930년), 남양주 봉원사 청신녀 순홍 안씨(1994년), 안진호 대사(1965년), 만허당(1994년) 마애부도가 있다. 가평 백련사 관조당 마애부도는 2022년에 세웠다.

부도의 주인공은 비구(불성사 각원선사, 불암사 성감선사, 안진호선사, 만허당), 비구니(불암사 승매, 구리 아차산 막조당 덕삼), 재가 남자신도(반월암 서영당 추씨, 염불사 현진당 법홍거사, 구리 아차산 반조당 外), 재가 여자신도(안양 염불사 여산 송씨, 청신녀 홍련화, 불암사의 상념, 정심, 덕원, 남양주 내원암 청신녀 정씨, 구리 아차산 이보리성 外) 등이다.

경기지역의 마애부도에 음각된 부도의 별칭은 남양주 불암사 청송당 성감선사 영적지탑 · 청신녀 상념 · 덕원의 출세지탑, 안양 염불사의 여산 송씨 불도가 있다. 그 밖의 대부분 부도에는 주인공 이름(서영당 추씨, 현진당 법홍, 각원선사, 구리 이보리성 外)만 새겼거나 ~탑(불암사의 비구니 승매, 청신녀 상념, 만허당, 내원암 청신녀 정씨, 구리 비구니 덕삼 外)으로 표기하였다.

마애부도 유형은 크게 비신형(반월암 서영당 추씨, 염불사 여산 송씨, 구리 아차산 반조당, 비구니 덕삼 外)과 위패형(안양 염불사 현진당, 남양주 불암사 비구니 승매, 비구 성감, 청신녀 상념, 정심, 덕원, 내원암 청신녀 정씨, 구리 이보리성 外)이 있다. 안양 불성사 각원선사는 석종형이며, 감실형(남양주 불암사 순흥안씨 남필, 안진호 대사, 만허당, 내원암, 고양 상운사)과, 산골형(안양 염불사 청신녀 홍련화, 구리 아차산 서영당 신사 추씨 민홍)이 분포되어 있다.

안양 반월암 서영당 추씨와 구리 아차산의 서영당 신사 추씨 마애부도는 분사리로 추정되며, 안양 염불사 승탑원의 서영당 지홍도 동일 인물일 가능성이 높아 보인다. 안양 염불사 여산 송씨, 남양주 불암사 만허당, 구리 아차산 이보리성은 부도 주인의 생몰 연대 추정이 가능하며, 만허당과 이보리성은 간략한 생애와 부도를 봉안한 주체를 새겼다.

마지막으로 경기도내 마애부도는 남양주 불암사 8기, 내원암 2기, 안양 염불사 3기, 구리 아차산 4기 등 특정 사찰에 여러 기가 있다. 이런 연유로 지속적으로 이어져 내려오는 사찰계 계원의 부도 가능성이 있으며, 특정 장인 집단의 작품일 개연성도 있다고 하겠다.

경기도 마애부도 현황(표8)

순	봉안 장소	명문	조성 시기	부도 유형
1	안양 반월암	西影堂 秋氏OO	19C 초	碑身形
2	안양 염불사	現眞堂 法洪 居士 乾隆四八年 十月 日	1783년	位牌形
3		坤命 甲辰 生 礪山 宋氏 佛道 光緖十六年 庚寅 三月 日	1890년	碑身形
4		淸信女 紅蓮華 壬戌 八月 日	1922년	散骨形
5	안양 불성사	比丘覺圓禪師 丙辰八月 日	1796년	石鐘形
6	남양주 불암사	比丘尼 昇梅之塔 嘉慶 一九年 甲戌 七月	1814년	位牌形
7		靑松堂性鑑禪師 靈跡之塔	19C 초	位牌形
8		淸信女常念之塔	19C 초	位牌形
9		淸信女 淨心出世之塔 嘉慶 一七年 壬申 八月	1812년	位牌形
10		淸信女德元 出世之塔	19C 초	位牌形
11		淸信女 順興安氏 南畢之塔 OOOOOO	1994년	龕室形
12		安震湖大禪師 佛紀二九九二年 乙巳 二月二十二日 涅槃	1965년	龕室形
13		滿虛堂相均之塔	1994년	龕室形
14	남양주 내원암	OO十八O 信女 丁氏 善慶O之塔 壬辰 三月O	1892년	位牌形
15		명문 없음. 방형사리공	20C 추정	龕室形
16	구리 아차산 (대성암)	淸信女 己未生 李菩提性	1930년	位牌形
17		返照堂 信士 智訓之塔	19C	碑身形
18		莫照堂 比丘尼 德三之塔	19C	碑身形
19		西影堂秋氏信士旻弘之塔	19C 초	散骨形
20	고양 상운사	명문 없음.방형 사리공	20C 추정	龕室形
21	가평 백련사	觀照堂	2022년	龕室形

*남양주 불성사 淸信女 順興安氏 南畢之塔 명문, 조성 시기는 앞의 엄기표의 논문 '조선시대 마애부도의 특징과 조성 배경'에서 인용
*남양주 임꺽정봉 磨崖孔 안양 염불사 磨崖孔은 제외

경기도 마애부도

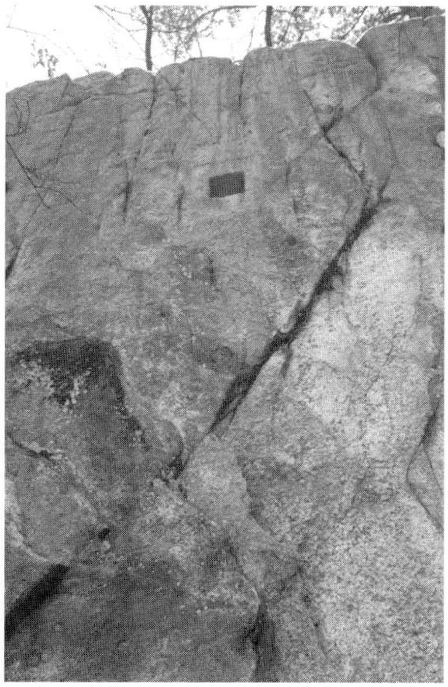

① 반월암 서영당
② 염불사 현진당
③ 불성사 각원선사
④ 염불사 홍련화
⑤ 염불사 여산 송씨

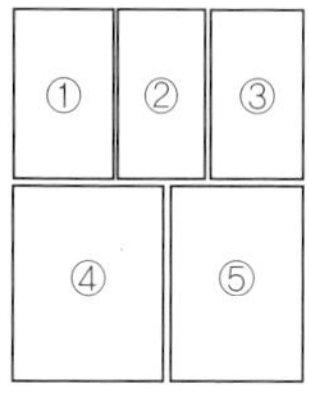

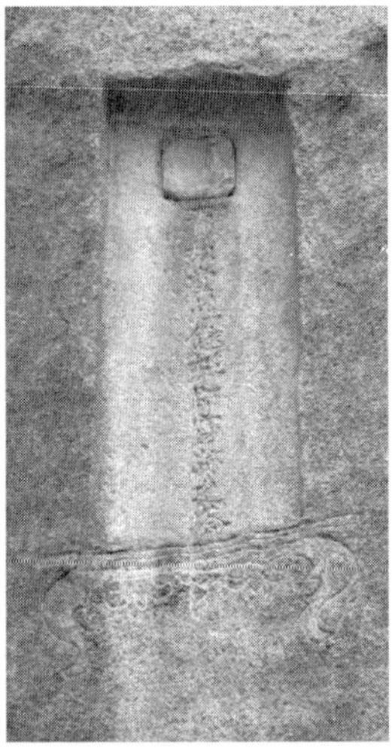

① 불암사 비구니 승매

② 불암사 청송당

③ 불암사 청신녀 상념

④ 불암사 청신녀 정심

⑤ 불암사 청신녀 덕원

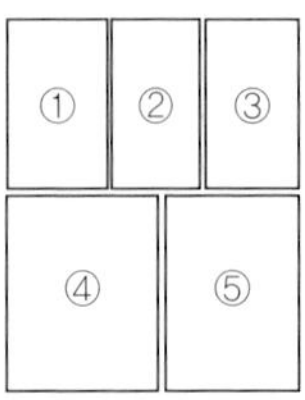

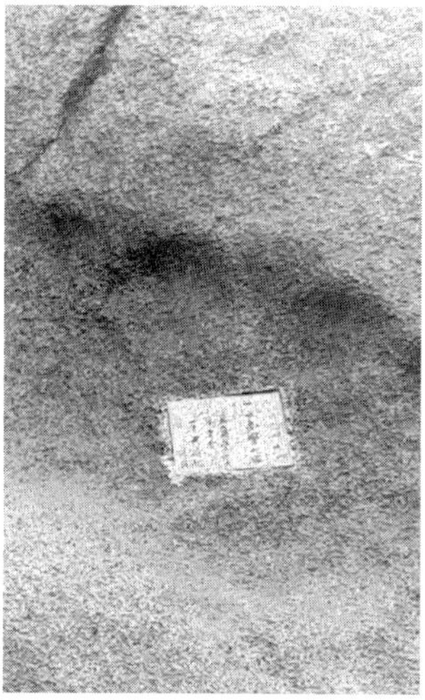

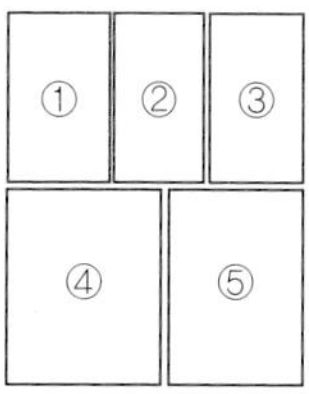

① 불암사 청신녀 남필
② 불암사 만허당
③ 불암사 안진호
④ 내원암 정씨
⑤ 내원암 마애부도

① 아차산 이보리성

② 아차산 반조당

③ 아차산 막조당

④ 아차산 서영당

⑤ 고양 상운사

⑥ 백련사 관조당

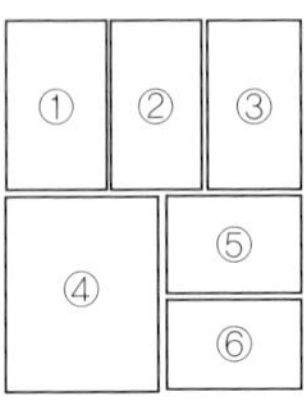

1. 안양 삼막사 반월암 서영당 추씨 탑

삼막사 초입에서 좌측 반월암으로 향하는 거대한 암벽에 새겼다. 부도 상부에는 이중으로 안상 형태의 칠엽 화문을 표현했고, 비신 세로 두 줄에는 명문이 있으며 그 아래에 사리공이 있는 비신형 마애부도이다. 사리공은 마치 圭形 비신을 뒤집은 모습 같다.[55]

| 서영당 추씨 |

銘文

西影堂 秋氏OO

(서영당 추씨OO)

서영당 마애부도이며, 성씨를 새긴 것이 눈에 띈다. 조성 시기는 새기지 않았으며 OO 명문은 뤛O으로도 읽힌다.[56] 즉, 서영당은 비구 또는 재가 남자 신도 여부가 분명하지 않다. 여기서 주목해야 할 주안점은 비슷한 당호를 새긴 마애부도가 경기도 구리에 있다는 것이다.

55 안양 반월암 서영당 마애부도. 임병기(선과). 2019년 (https://12977705.tistory.com)

56 OO이 아니라. O이며 碑 가능성도 있다

| 구리 아차산 서영당 |

구리 아차산의 4기 마애탑 가운데 한 기인 西影堂信士秋氏旻弘之塔은 반월암 마애부도 당호와 성씨가 같으며, 재가 신도인 信士로 표기하고 있다. 그런 연유로 동일 인물의 분사리 가능성은 높아 보인다.

또한 지근의 안양 염불사 승탑원에도 동일 인물 여부는 확인되지 않지만 2018년 안양시 향토문화재 2호로 지정된 서영당 부도가 있다.

| 안양 염불사 서영당지홍 |

銘文

信士 西影堂 智弘

(신사 서영당 지홍)

嘉慶 十五年 庚午

(가경 십오년 경오)

都化主 信士 大信

(화주 신사 대신)[57]

旻弘이 아니라 智弘이지만 탑신에 새겨진 명문을 통해서 1810년에 세웠으며, 부도 봉안의 都化主는 재가 신도인 大信이라는 것을 알 수 있다.

57 한국의 사찰문화재. 인천. 경기 자료집. 문화재청.(재)불교문화재연구소. 2013년

구리 아차산 서영당, 염불사 승탑원 서영당 부도는 모두 재가 남자신도인 까닭에 개인적으로는 반월암 서영당도 재가 신도로 추정한다.

서영당 부도는 보다 심도 있는 연구가 진행되어 동일인 여부와 병행하여 분사리 여부를 검토해야 한다. 동일 인물이라면 19세기 초반에 조성한 마애부도이다. 분사리로 추정되는 마애탑은 구례 화엄사 승탑원에도 있다.

| 비구니 순홍 |

尼順洪知云應安塔은 승탑원에 있으며, 比丘尼 順洪 靈珠塔은 승탑원 바깥 바위에 새긴 散骨形 마애부도이다.[58]

참고로 우리나라의 역대 스님 중에 가장 많은 분사리를 남긴 승려는 友雲堂真熙大師(?~1694년)이다.

통도사 승탑원에 있는 逍遙門人友雲堂真熙大師碑 명문에 의하면 통도사를 비롯하여 10곳 사찰에 부도를 세웠다.

頂骨二片舍利九枚州爭奉十寺分安[59]

慶州 遠源寺. 星州 龍淵寺. 大丘 湧泉寺. 蔚山 雲興寺, 青松寺. 東萊 梵魚寺. 密陽 靈井寺. 清道 磧川寺. 慶山 慶興寺. 此本寺骨奉安

康熙三十三年甲戌三月 日立

58 구례 화엄사 부도전. 임병기(선과). 2017년 (https://12977705.tistory.com)

59 부산울산경남(2) 자료집. 문화재청, (재)불교문화재연구소. 2013년

강희 33년 갑술년은 1694년이다. 성주 용연사는 대구(옥포) 용연사. 대구 용천사는 청도 용천사, 밀양 영정사는 밀양 표충사. 동래 범어사는 부산 범어사이다.

당시까지 사찰이 운영되엇던 울산 운흥사, 울산 청송사, 경산 경흥사는 폐사되고 최근에 새로운 사찰이 들어섰다.

또한 幻寂堂 智鏡(1603~1690) 스님도 생전에 인연이 깊었던 문경 봉암사, 춘천 문수사(청평사), 충주 월악산 덕주사, 대구 용연사, 봉화 태백산 각화사, 거창 연수사, 합천 가야산 해인사 홍제암, 칠곡 대곡사(현 대흥사)에 부도를 봉안하였다.[60]

환적당 부도

| 거창 연수사 |

| 대구 용연사 |

60 우리나라의 환적당 지경 승탑. 임병기(선과). 2022년 (https://12977705.tistory.com)

| 문경 봉암사 |

| 봉화 각화사 |

| 칠곡 대곡사 |

| 제천 덕주사 |

| 춘천 청평사 |

| 해인사 홍제암 |

2. 안양 삼막산 염불사 마애부도

926년 태조 왕건이 삼성산을 지나다가 도승 능정이 좌선 삼매에 든 모습을 보고 세운 安興寺가 염불암의 시초라고 전해진다. 1407년(태종 7)에 왕명으로 세운 관악산의 여러 사찰과 함께 중창되었다. 영조 때 간행된 가람고에 염불암 기록이 있다. 이후 일제강점기를 거쳐 오늘에 이르기까지 여러 번의 중창을 하였다.[61]

경내에는 현진당 마애부도, 여산 송씨 마애부도, 청신녀 홍련화 마애부도가 같은 바위에 있으며, 승탑원의 도일당, 인봉당, 서영당 부도와 함께 염불사 부도군이라는 명칭으로 2018년 안양시 향토문화재로 지정되었다.[62]

| 안양 염불사 승탑원 |

조선 후기 한 곳의 사찰에 여러 기의 부도가 조성되는 까닭은 사찰계의 영향으로 생각된다.

사찰계는 일반 재가 신도들의 모임으로 일정 비용을 희사 하여 사찰 보수, 불사 등 사찰 제반 의식에 참여하는 현재의 신도회 같은 조직이다. 특히 염불

---

61 두산백과사전

62 서울 천축사 마애부도 2기, 학도암 마애부도 2기도 각각 서울시 문화재 자료로 지정되었으며 명칭은 마애사리탑이다.

사의 부도전의 3기 부도와 마애부도 3기 전부 재가 신도이어서 염불사에 이어져 오는 사찰계 회원의 부도일 가능성이 높다 하겠다.[63]

1) 현진당 법홍거사

바위를 깎아 1단 받침대 위에 비신을 새기고 중앙에 깊게 사리공을 마련했다. 이른바 위패형 부도이며 사리공 상부와 좌우 테두리에 세로 넉 줄로 당호와 봉안한 연도를 각자했다. 특이하게도 다른 마애부도의 각자 배열과 반대로 당호를 향 좌측에 새기고 조성 시기를 맨 우측에 음각했다.

| 현진당 |

銘文

現眞堂 法洪 居士

(현진당 법홍 거사)

乾隆四八年 十月 日

(건륭 48년 10월 일)

남자 재가 신도인 법홍 거사의 부도이다. 거사는 청신사, 신사, 건명과 함께 재가 남자신도를 뜻한다.

---

63 부산역사문화대전. 금정구. 승려들의 모임인 갑계도 있다. 부산 범어사甲午甲契는 승려 중심의 모임으로 사찰에 거주하는 동갑 또는 비슷한 연령의 승려들이 조직했던 계를 가리킨다. 동갑계라고도 한다. 사찰계의 한 형태로, 큰 사찰에는 10여 종 이상의 사원계가 동시에 조직되어 있기도 하였다. 계원이 승려만으로 구성되고 그 목적이 補寺에 있었던 계로는 갑계 · 都宗契, 私宗契, 魚山契 등이 있었는데, 그중 갑계의 활동이 가장 활발하였다. 부산 범어사 경내에는 甲午甲補寺壇碑, 甲子甲員補寺碑, 戊子甲補寺壇碑 등의 갑계와 관련된 마애비가 남아 있다.

건륭은 청나라 고종 건륭제의 연호로 48년은 1783년에 해당된다. 현재 조성 시기가 기록된 마애 부도 가운데 의령 백련사 각월당 부도(1702년)에 이어 두 번째로 오래된 부도이다.[64] 이어서 1796년으로 추정되는 안양 불성사의 각원대사 마애부도가 있으며, 부산 금정산 같은 암벽에 나란히 자리 잡은 동곡당과 무운당 마애 부도는 1797년(嘉慶二年 丁巳 九月,十月)에 조성되었다.[65]

2) 여산 송씨 불도

3기 가운데 가장 높은 곳에 자리한 비신형 마애부도이다. 비신 중앙에 사각의 사리공을 마련하고 법홍거사 마애부도처럼 사리공 테두리에 부도 주인과 봉안 연도를 음각했다. 법홍거사 명문과 비슷하게 향 좌측에 당호, 향 우측에 조성 시기를 배열하고 사리공 중앙에 출생 연도를 새겼다. 이러한 구도는 법홍거사 부도를 모본으로 조성한 작품임을 알 수 있다.

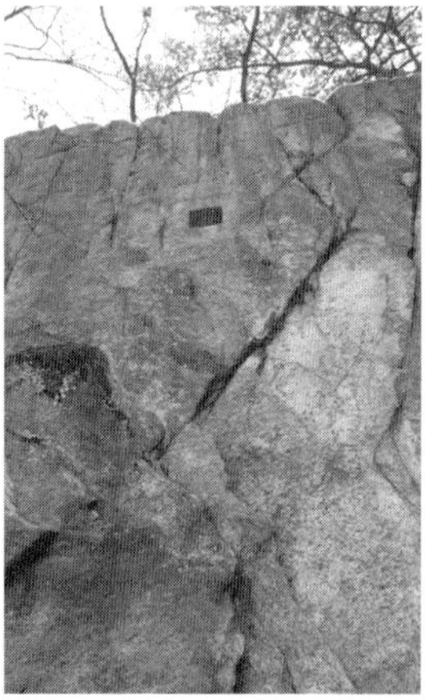

| 여산송씨 |

銘文

坤命 甲辰 生

(곤명 갑진생)

礪山 宋氏 佛道

(여산 송씨 불도)

光緖 十六年 庚寅 三月 日

(광서 16년 경인 삼월 일)

---

64 안양 염불사 마애부도. 임병기(선과). 2019년 (https://12977705.tistory.com)

65 부산 금정산의 마애부도(2). 임병기(선과). 2018년 (https://12977705.tistory.com)

坤命은 불교에서 여자를 칭하며 부도 주인이 여자임을 가리킨다. 남자는 乾命으로 표기한다. 세상을 떠난 光緖 16년(1890년)을 기준으로 역산하면 출생한 간지 甲辰年은 1844년이다. 즉, 1844년에 태어나서 1890년에 세상을 떠난 여산 송씨 부도이다.

佛道는 단순하게 부도의 별칭, 또는 불도를 이루라는(성불하라는) 함축성을 내포한 것으로 추정되지만, 재가 여자신도의 수계 법명 가능성도 있을 것 같다. 왜냐하면 비슷한 사례가 있기 때문이다.[66]

3) 청신녀 홍련화

염불암 3기 마애부도 중에 사리공 없이 당호만 새겼다. 바위 면을 방형으로 거칠게 치석하고, 상부는 마치 비 머리처럼 돌출되어 흘러내리는 물을 끊을 수 있도록 했다. 사리공 없이 세로 세 줄에 명문만 새긴 散骨形 부도이다.

| 홍련화 |

銘文

淸信女 紅蓮華

(청신녀 홍련화)

壬戌 八月 日

(임술팔월 일)

임술년(1802,1862.1922년)에 조성한 재가 여자신도 홍련화의 마애부도이다.

66 한국의 사찰문화재. 부산울산경남(2) 자료집. 문화재청, (재)불교문화재연구소. 2013년. "1937년에 세운 것으로 추정되는 범어사 舍利塔施主芳名碑에 기록된 보시자들의 명단에 十円을 시주한 金極樂願이 등재되어 있다.그 외에도 방명비에는 재가여자 신도의 법명인 徐極樂化. 金極樂化, 李佛法化 등이 있으며, 1925년에 조성한 부산 혜원정사 팔상도 화기에는 淸信女 乙丑生 崔氏 極樂行이라는 법명도 등재되어 있다."

같은 암벽에 위치한 현진당 법홍거사(1783년), 여산 송씨 불도(1890년)를 기준으로 삼으면 맨 아래 홍련화 마애부도는 조형미와 치석술, 위치 등이 두 부도에 비해 떨어져 송씨 불도 이후인 1922년에 조성한 마애부도로 여겨진다.

3. 안양 불성사 각원선사

| 불성사 각원선사 |

불성사 창건 유래는 통일신라시대까지 거슬러 올라간다. 의상대사가 관악산 바위 동굴에 머물면서 수행한 곳이 지금의 의상대이고, 그곳에 창건하였다는 것이다. 이후 사적은 전하지 않으며, 조선 전기에 각원선사가 1차 중창하였고, 1590년에는 서산대사가 2차 중건하였다. 1887년 이후 계속되는 화재로 인해 사세가 위축되기 시작한 것으로 보인다. 이후 1937년에 중창된 후 현재까지 법등이 이어지고 있다.[67]

67 삼성산을 중심으로 한 안양지역 불교유적학술연구 보고서. 안양문화예술재단. 안양박물관. (재)불교문화재연구소. 2021년. "불성사는 冠嶽山佛成寺略誌를 통해 통일신라 의상대사가 관악산 바위 동굴에 머물면서 수행한 곳이 지금의 의상대이고, 다음 해 그곳에 수백 칸의 기와집을 짓고

마애부도는 삼막산 염불암에서 접근하면 불성사 직전 고갯마루 좌측 병풍 모양의 바위 하단에 위치한다. 전형적인 석종형 부도이며 탑신과 연화 보주를 표현하였다. 중앙 방형 감실 안에 원형 사리공을 마련하고 탑신에 당호와 조성 시기를 각자하였다.

| 불성사 각원선사 |

銘文

比丘覺圓禪師 丙辰八月 日

(비구 각원선사 병진 팔월 일)

주지스님에 의하면 서산대사의 법손으로 구전되는 각원선사의 마애부도이다. 보주에 比丘, 탑신 중앙 감실 위에 覺圓禪(師), 탑신 우측에 丙辰八月 日을 새겼다. (師)는 육안으로 구분되지 않아 좌측 훼손(?)된 부분에 다른 글자와 함께 각석되었을 것 같다. 조성 연도인 丙辰年은 1796년일 가능성이 높아 보인다.[68] 각원선사 부도는 의령 백련사 각월당 혜흠 대사(康熙四一年壬午七月日. 1702년), 안양 염불사 현진당(乾隆四八年 十月 日. 1783년), 부산 금정산의 동곡당과 무운당(嘉慶二年 丁巳. 九月,十月.1797년)과 함께 18세기 후반에 조성된 마애부도이다.[69]

佛成이라 하였다는 것에서 창건 유래를 찾을 수 있다. 다만 현존 하는 문화재 및 유물, 특히 각원선사 부도나 '萬曆十八年'명 각자 등은 조선전기를 상한으로 한다. 불성사는 삼국시대 이후 고려시대 기록은 확인되지 않는다. 조선전기에는 각원선사가 사찰을 1차 중창하였고, 1590년에는 서산대사가 2차 중창하였는데, 당시 사찰 규모는 승려 수백 명이 기거할 정도였다고 한다. 이후 19세기까지 근근이 사세를 유지하다가 1887년 이후 계속되는 화재로 인해 사찰이 위축되기 시작한 것으로 보인다. 이후 1937년에 중창된 후 현재까지 법등이 이어지고 있다." 한편 본 사찰은 『京畿邑誌』(1871), 『富林誌』(1891), 『果川郡邑誌』(1899), 『梵宇攷』, 『伽藍考』에는 "佛聖寺", 『朝鮮佛敎曹溪宗總本寺太古寺法』에는 "佛性寺",『奉恩本末寺誌』에는 "佛成寺"로 기록되어 있다.

68 안양 불성사 마애부도. 임병기(선과). 2019년 (https://12977705.tistory.com)

69 부산 금정산의 마애부도(2). 임병기(선과). 2018년 (https://12977705.tistory.com)

4. 남양주 불암사 마애부도

지증(824~882)이 통일신라시대에 창건하였고, 도선(827~898)과 자초 무학대사(1327~1405)가 중창하였으며, 이후 조선 후기에 명관 스님이 1776년, 1782년 크게 중수하였다. 1844년 춘봉, 1855년 혜월과 보성 등이 중수하였다. 1910년 독성각과 산신각 · 동축당을 세웠고 1959년에는 만허가 칠성각을 세웠다.[70] 불암사는 국가지정 보물인 목조관음보살좌상, 경기도 유형문화재 불암사 경판, 괘불도, 목조석가여래좌상 등을 소장하고 있다.

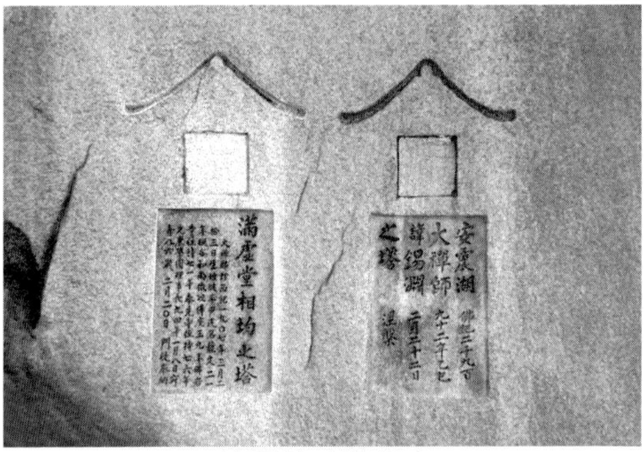
ㅣ불암사 마애부도ㅣ

특히 마애부도는 일주문 뒤 1기, 입구 큰 바위 면에 7기를 조성하여 우리나라 단일 사찰에서 가장 많은 8기가 봉안되어 있다. 불암사 경내 진입 전 우측 바위의 7기는 19세기 초반부터 현대에 조성된 마애부도이다. 부도 유형은 등산로 전면 위패형 부도 4기, 감실형 1기, 측면 위패형 2기가 있다.[71] 정면 위패형 부도 4기는 동일 유형이어서 같은 장인 집단이 조성한 비슷한 시기의 작품으로 추정된다. 또한 부도 주인들은 사찰 갑계 소속 계원일 가능성이 높아 보인다.[72]

---

70 불암사 홈페이지(http://vr3d.kr/pano/bulamsa/)

71 남양주 불암사 마애부도. 임병기(선과). 2015년/2019년 (https://12977705.tistory.com)

72 부산 역사문화대전. 금정구. 조선 후기 한 곳의 여러 기 탑이 조성되는 까닭은 사찰계의 영향으로 생각된다. 사찰계는 일반 재가 신도들의 모임으로 일정 비용을 희사하여 사찰 보수, 불사 등 사찰 제반 의식에 참여하는 현재의 신도회 같은 조직이다. "부산 범어사 甲午甲契는 승려 중심의 모임으로 사찰에 거주하는 동갑 또는 비슷한 연령의 승려들이 조직했던 계를 가리킨다. 동갑계라고도 한다. 사찰계의 한 형태로, 큰 사찰에는 10여 종 이상의 사원계가 동시에 조직되어 있기도 하였다. 계원이 승려만으로 구성되고 그 목적이 補寺에 있었던 계로는 갑계 · 都宗契, 私宗契, 魚山契 등이 있었는데, 그중 갑계의 활동이 가장 활발하였다. 부산 범어사 경내에는 甲午甲補寺

1) 비구니 승매지탑

불암사 일주문 뒤편 바위 중앙에 위패형으로 조성했다. 연화문으로 장식한 단 위에 장방형 비신을 갖추고 상단에는 사리공, 그 아래에 세로 두 줄로 당호와 세운 시기를 새겼다. 비신 상부 모서리는 모죽임 형태의 화문을 표현하였다.

| 비구니 승매 |

銘文

比丘尼 昇梅之塔

(비구니승매지탑)

嘉慶 一九年 甲戌 七月

(가경 19년 갑술 칠월)[73]

비구니 승매 마애부도이며 육안으로 명문을 읽기 어렵다.

嘉慶은 청나라 인종 가경제의 연호이며, 19년은 1814년 갑술년이다. 이른 시기에 조성된 마애부도이며, 조성 시기가 확인된 최초의 비구니 부도이다. 사리공 덮개는 없어졌다.

2) 청송당 성감선사 영적지탑

청송당탑은 바위 상부는 깊게, 하부는 얕게 파내어 자연스럽게 빗물 차단장치가 된 위패형이다. 雲足形 대좌 위에 비신은 장방형이며, 비신 상부 끝단에 방형 사리공을 마련하였다.

사리공에는 덮개가 남아 있으며, 사리공 아래에 세로 한 줄로 당호와 법호

壇碑, 甲子甲員補寺碑, 戊子甲補寺壇碑 등의 갑계와 관련된 마애비가 남아 있다."

73 엄기표. 조선시대 마애부도의 특징과 조성 배경. 동악미술사학. 제19호. 2016년

| 청송당 |

영적지탑이라는 사리의 이칭을 새겼다.

서울 내원사 청신녀 광명화 마애부도도 영적지탑이다.

銘文

青松堂性鑑禪師 靈跡之塔

(청송당 성감선사 영적지탑)[74]

비구 청송당 성감선사의 마애부도이다. 생몰 연대를 표기하지 않아 행장은 확인되지 않는다. 다만 나란히 조성된 1812년에 세운 청신녀 정심탑과 동일한 유형으로 판단하면 19세기 초반에 세운 부도로 추정된다.

3) 청신녀 상념지탑

| 청신녀 상념 |

銘文

淸信女常念之塔

(청신녀 상념지탑)

등산로 정면 4기 위패형 부도의 하나로 비신은 상부는 깊게, 하부는 얕게 치석하여 빗물 투입을 차단하였다. 위패형 마애부도로 화문 받침대 위에 장방형 비신을 조성하였다.

74 엄기표. 조선시대 마애부도의 특징과 조성 배경. 동악미술사학. 제19호. 2016년

상부에는 방형 사리공, 하부에는 세로 한 줄로 부도 주인을 새겼다.

상념 법명을 받은 재가 여성신도 부도이며, 생몰 연대는 표기하지 않았다 다만, 동일한 유형의 위패형 부도를 고려하면 바로 옆에 자리한 1812년에 세운 청신녀 정심과 비슷한 시기에 조성된 것으로 추정된다.

4) 청신녀 정심 출세지탑

바위 정면에 나란히 조성된 위패형 마애부도 네 기 중에 한 기로 받침대 위에 방형 비신과 사리공이 있다. 상부 사리공에는 덮개가 남아 있다. 사리공 하부에는 2줄로 부도 주인과 조성 연도를 음각하였으며, 연도는 탁본을 하지 않으면 육안으로 구분하기 어렵다. 그리고 부도를 출세지탑이라는 별칭으로 표현하여 육도 윤회에서 벗어나 극락왕생하라는 염원을 담은 명칭임을 알 수 있다.

| 청신녀 정심 |

銘文

淸信女 淨心出世之塔

(청신녀 정심출세지탑)

嘉慶 一七年 壬申 八月[75]

(가경 십칠년 임신 팔월)

정심 법명을 가진 재가 여자신도 출세지탑이며, 嘉慶은 청나라 인종 가경제의 연호로 17년은 1812년 임신년이다. 일주문 근처에 자리한 비구니 승매 마애부도보다 2년 먼저 조성된 부도로, 성감 대사. 청신녀 상념. 청신녀 덕원 탑 등 5기 마애부도는 비슷한 시기에 조성된 동일 장인 또는 장인 집단의 작품 가능성이 높다.

75 엄기표. 조선시대 마애부도의 특징과 조성 배경. 동악미술사학. 제19호. 2016년

5) 청신녀 덕원 출세지탑

정심 출세지탑 왼쪽에 새긴 마애부도로 두 탑은 거의 유사한 단과 비신을 갖춘 위패형이다. 동일 바위의 다른 부도처럼 상부에 방형 사리공 하부에 한 줄로 법명을 새겼다. 나란히 자리한 네 기 부도와 같이 위를 깊게 파고 아래를 얕게 하여 빗물을 차단했다. 부도를 출세지탑이라는 이칭으로 표현했으며, 이는 세속의 육도 윤회에서 벗어나 극락왕생하라는 염원일 것이다.

| 청신녀 덕원 |

銘文

清信女德元 出世之塔

(청신녀 덕원 출세지탑)

덕원 법명을 가진 재가 여자신도의 부도이다. 조성 시기는 위 다른 부도와 동일 장인 집단에 의해서 비슷한 시기인 19C초에 봉안된 부도로 추정된다.

6) 청신녀 순흥 안씨 남필지탑

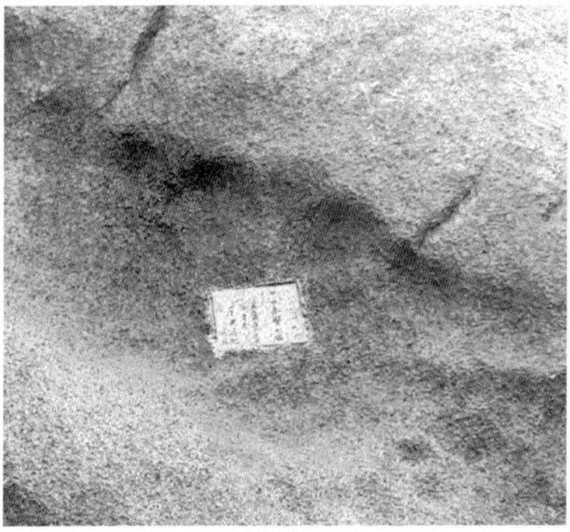

| 청신녀 남필 |

銘文

清信女 順興安氏 南畢之塔

(청신녀 순흥안씨 남필지탑)

불암사 입구 큰 바위에 새겨진 마애승탑 7기 중 유일하게 방형 사리공에 안치하였으며 덮개를 갖춘 감실형이다. 덮개에 새겨진 명문은 훼손되어 육안으로 확인이 불가하다.

재가 여자신도 순흥 안씨 남필의 부도이며 1994년에 조성하였다.[76]

7) 안진호 대선사 휘석연지탑

불암사 마애부도군 측면에 나란히 위치한 부도 중 한 기이며, 덮개가 있는 방형 사리공 위에 절수구 형태의 옥개를 마련하고 아래에 부도 주인과 열반 일자를 새긴 감실형이다.

| 안진호 대선사 |

銘文

安震湖大禪師 諱錫淵之塔

(안진호대선사 휘석연지탑)

佛紀二九九二年 乙巳 二月二十二日 涅槃

(불기 2992년 을사 2월 22일 열반)

비구 안진호 대선사의 부도이다. 불기 2992년은 북방 불기로 서기 1965년이다.

"震湖錫淵, 본명이 錫淵이고 본관은 순흥으로 1880년(고종 17) 경북 예천에서 태어났다. 安震湖(1880~1965)는 일제강점기 가장 유명한 승려 가운데 한 사람이었다. 그는 본산 주지를 역임하거나 역량 있는 말사 주지를 역임하지도 않았고, 또한 불교계의 중심인물로 의제와 담론을 주도한 인물도 아니었다. 물론 안진호와 안석연 및 小白頭陀 또는 晩悟生이라는 필명으로 《불교》 등에 60여 건의 글을 발표하기는 하였지만, 그의 존재를 강력하게 각인시킨 것은 불교 의례를 집대성한 釋門儀範의 발간이라 할 수 있을 것이다."[77]

76 엄기표. 조선시대 마애부도의 특징과 조성 배경. 동악미술사학. 제19호. 2016년

77 불교신문 2572호. 근현대 선지식의 천진면목(73)

8) 만허당 상균지탑

불암사 안진호 대선사 마애 부도 옆에 나란히 조성되었으며, 절수구 형태의 옥개와 방형 사리공의 덮개는 동일한 유형이다. 다만 안진호 선사는 생몰연대만 표기하였으나, 만허당 부도는 간단한 행장을 기록하였다. 즉, 부도와 비를 구획한 유형이며, 감실형으로 분류하였다. 부도와 부도비를 새긴 사례는 구리 이보리성 부도에서도 확인된다.

| 만허당 상균 |

銘文

滿虛堂相均之塔

(만허당 상균지탑)

비구 만허당 부도로 비에는 간단한 이력과, 조성 주체, 건립 연도를 새겼다. 비문에 의하면 스님은 1907년 3월 출생하여, 1994년 1월 입적했다. 본관은 파평 윤씨, 이름은 용문이며, 불암사 주지(1939년), 봉선사 주지(1971년), 광동학원 이사장(1976년) 등을 역임했다. 1994년 2월 문도들이 세웠다.

5. 남양주 내원암 마애부도

신라시대에 창건되었다고 하나 창건 인물은 미상이다. 내원암은 조선 숙종 때부터 왕실과 밀접한 관계를 맺었다. 즉 1693년 숙종은 파계사의 영원 스님을 불러 수락산에서 백일기도를 올리게 한 뒤에 영조를 얻었고, 그 뒤 순정왕후가 왕손을 얻고자 용파를 시켜 이 절에서 300일 기도를 올린 뒤 1790년에 순조를 출산하였으므로 1794년에 칠성각을 짓고 관음전 어필을 내렸다.

1795년에는 聖寺라고 불렀는데, 지금까지 내원암의 다른 이름으로 불리고 있다. 1796년 사성전을 지었고, 1825년 왕실 자금인 내탕금으로 지족루를 건립했다. 이후에도 왕실의 지원을 받아 1831년, 1851년, 1880년에 내탕금을 받아 중수하였다.[78]

| 내원암 미륵불입상 |

사찰 사적에서 알 수 있듯이 내원암은 조선후기 왕실과 밀접한 관계를 맺으며, 내탕금으로 전각을 비롯하여 많은 불사가 있었다. 경내에는 고려시대에 조성한 미륵불입상, 경기도 문화재자료로 지정된 괘불도, 비지정 문화재인 탑신과 기단을 잃고 옥개석과 상륜부만 남은 삼층석탑이 있다.[79]

78 네이버 지식백과. 남양주 내원암

79 24~25. 남양주 내원암 종형부도. 마애부도. 임병기(선과). 2022년 (https://12977705.tistory.com)

1) 신녀 정씨 선경O지탑

수락산 내원암에서 등산로를 따라 칠성대 직전 좌측 거대한 바위에 새겨진 위패형 마애부도다. 방형사리공 위를 복련으로 장식하였으며, 사리공 아래 비신에 세로 세 줄 중앙에 부도 주인, 좌측에 조성 연도, 우측에 간지를 음각했다.

| 내원암 정씨 선경 |

銘文

OO十八O

(OO18O)

信女 丁氏 善慶O之塔

(신녀 정씨 선경O지탑)

壬辰 三月O

(임진 3월 일 O)

신녀는 청신녀와 동일 의미이다. 따라서 여자 재가신도 정씨 선경O의 부도이다. 명문 조성 시기는 육안으로 식별되지 않는다. 분명하게 보이는 명문을 근거로 조성시기를 밝혀 보았다.

내원암에 왕실의 지원이 끊이지 않았던 조선 후기 영조~순조 재위 기간 중에 임진년은 1772년, 1832년, 1892년이다. 간지 壬辰과 연호를 대비하면 1772년은 건륭 37년, 1832년은 도광 12년, 1892년이 광서 18년이다. 따라서 고종 재위 기간인 광서 18년(1892년 임진년 3월)에 조성한 부도로 생각된다. 개인적으로는 1885년에 봉안한 내원암 괘불도의 시주자로 참여한 청신녀일 가능성이 높아 보인다.

마애부도는 녹음이 짙은 계절에는 쉽게 눈에 들어오지 않는 곳에 있다. 접근하는 가장 좋은 방법은 내원암에서 수락산 등산로을 따라 오르면 칠성대 직전 개울에 철도 레일 2개를 걸친 짧은 다리가 놓여 있다. 마애 부도는 다리

건너 좌측 바위에 있다.[80]

2) 내원암 마애부도

옥류폭포와 道光 丁酉 五月(1837년 5월)에 새긴 金流洞天 각자가 있는 금류 폭포를 지나면 내원사에 이른다. 마애부도는 경내로 들어서기 전 작은 간이식당 옆 등산로 초입에 자리 잡은 채마밭 위쪽에 있다. 매끈한 바위면 중앙부에 방형 사리공이 있고 상부에 빗물 차단 장치를 마련하였다. 사리공 덮개는 망실되었고 부도 주인 등의 명문은 새기지 않은 감실형이다. 청신녀 선경 마애부도와 마찬가지로 19세기 후반에 조성한 것으로 생각된다.

마애부도가 새겨진 큰 바위 전방에는 조선 후기에 조성된 당호를 새기지 않은 석종형 부도가 있다.

| 내원암 마애부도 |

| 내원암 부도 |

6. 구리 아차산 청신녀 이보리성

80 24~25. 남양주 내원암 종형부도, 마애부도. 임병기(선과). 2022년 (https://12977705.tistory.com)

아차산 대성암(범굴사) 뒤편 향우측 바위에 새긴 위패형 부도와 탑비이다. 시멘트 상석, 돌기둥, 함석지붕 등은 1964년에 설치한 것 같다. 1930년에 봉안한 마애부도는 화문이 조식된 단을 마련 후 비신을 세웠다. 이후 1964년 아들, 딸, 손자가 이보리성 행장을 기록한 비석을 끼워 넣은 것으로 추정된다. 한편으로는 1964년 이보리성의 유골을 다른 곳에서 아차산으로 이장하면서 부도와 비석을 새롭게 조성했을 가능성도 배제할 수 없다.

| 청신녀 이보리성 |

銘文

清信女 己未生 李菩提性

(청신녀 기미생 이보리성)

비문에 의하면 기미년(1859년)에 출생한 재가 여자신도 청신녀 이보리성의 마애부도이다. 故 淑夫人 桂陽李氏之壇으로 시작되는 비문에는 생애와 가족 상황. 후손들의 면면을 기록하였다.

故淑夫人桂陽李氏之壇

淑夫人 雙栢堂桂陽李公進士鎭兌之三女 生於檀紀四一九二年三月十五日 適于通政大夫行僉知中樞府事兼五衛將咸興府使 新昌孟公諱喜燮之長男 慶尚監司性在一男二女 男曰龍鎬 長女適于南原梁炳模 次女適于輔國驪興閔公諱永徽之次男參領大植 檀紀四二六三年六月十四日卒

淑夫人晩而入於佛教 精研至之理 其於普濟慈悲 無我清淨之道 普化致成 菩提聖精靈貫 炯于宇千古矣 不肖孫 世永 渡江月 泣血謹書

孫孟世永 曾孫 桂賢 桂勳 曾孫女 賢淑

女 渡江月 外孫 閔丙燾 丙瑄

檀紀四二九七年甲辰三月十九日立

고숙부인계양이씨지단

숙부인은 雙栢堂 桂陽人 진사 李鎭兌 공의 셋째 딸로 단기 4192년(서기1859년)에 태어났다. 통정대부 행첨지중추부사겸 오위장 함흥부사 新昌人 휘 孟喜夔 공의 장남 경상감사 孟性在에게 시집갔다. 1남2녀 중 아들은 龍鎬이다. 장녀는 남원인 梁炳模에게 시집을 가고, 차녀는 大匡輔國崇祿大夫 여흥민공 永徽의 차남 민대식에게 시집을 갔다. 단기 4263년(서기1930년) 6월 14일에 죽었다.

| 청신녀 이보리성 |

숙부인은 만년에 불교에 입문하여 지극한 이치를 자세히 연구하였다. 널리 慈悲를 구제함에 무아의 청정지도로 널리 致成을 교화하였다. 깨달음의 지혜(菩提)가 거룩(聖)하여 精靈이 貫하였으니 도량(宇)에서 천고에 빛날 것이다. 불초 손 세영 차녀 도강월 피눈물을 흘리며 삼가 쓰다.

손자 맹세영 증손 계현 계훈 증손녀 현숙

차녀 도강월 외손 민병도 병선

단기 4297년(1964년) 갑진 3월 19일 세우다.[81]

81 고교 한문교사로 퇴직한 이영규 님의 해석이다

단기4192년(1859년) 출생하여 단기 4263년(1930년) 72세로 별세한 할머니의 마애부도 앞에, 손자 맹세영과, 차녀 渡江月이 피눈물을 흘리는 마음으로 1964년에 삼가 세웠음이 확인된다. 또한 증손으로는 맹주훈, 맹계훈, 맹현숙, 차녀 도강월의 자녀인 외손 민병훈, 민병선을 두었다. 남원 양씨 집안으로 출가한 장녀와 외손에 대한 기록은 없고, 차녀는 불교에 귀의한 재가신도인 청신녀로 추정되며, 법명은 渡江月이다.

마지막 문장(깨달음의 지혜(菩提)가 거룩하여(聖) 정령(精靈)이 관(貫) 하였으니 도량(宇)에서 천고에 빛날 것이다.)은 사리를 안치한 마애부도를 칭하는 것 같다. 숙부인의 둘째 사위가 친일파 閔永徽의 차남 민대식이다. 둘째 딸은 불교에 수계를 받은 도강월이며, 외손 민병도, 민병선은 민영휘의 손자이다. 이보리성 부도비는 간략한 이력을 기록한 남양주 불암사 만허당 부도를 제외하면 생애를 기록한 유일한 사례이다.[82]

7. 구리 아차산 반조당 신사 지훈지탑

아차산 대성암(범굴사) 주면에 있는 4기 부도 중의 1기이며, 이보리성 부도 뒤편 남한강이 조망되는 암벽에 자리하였다. 비신 위쪽에 사각형 사리공이 있으며, 아래에 당호를 각자한 비신형이다. 근처 비구니 덕삼 부도와 흡사한 유형으로 동일 장인 또는 장인 집단에 의해 동시대에 조성된 부도로 추정된다.

재가 남자신도인 지훈의 마애부도이다. 사리공 아래에 세로 한 줄로 당호와 이름을 새겼으며, 사리공 덮개는 결실되었다. 세운 시기는 알 수 없지만 19세기로 추정된다.

82 구리 아차산 대성암 마애부도. 임병기(선과). 2018년 (https://12977705.tistory.com)

銘文

返照堂 信士 智訓之塔

(반조당신사지훈지탑)

반조당 부도로 가는 길은 가파르고 좁아서 위험하기 때문에 대성암으로 내려와 약수터 부근에서 진입하는 것이 좋다. 아차산 등산객들의 등산기에 종종 등장하지만 안내문이 없어 주목을 받지 못하고 있는 것 같다.

| 반조당 |

8. 구리 아차산 막조당 비구니 덕삼지탑

| 막조당 |

반조당 사리탑 위편 능선의 너럭바위 전면에 자리하고 있다. 반조당 부도와 흡사한 비신형이며, 세로 두 줄로 주인공을 음각했다.

銘文

莫照堂 比丘尼 德三之塔

(막조당 비구니 덕삼지탑)

비구니 덕삼의 부도로 아래에 있는 반조당 부도와 동일시대, 동일 장인의 작품으로 추정된다. 比丘와 尼가 다른 행에 새겨져 자칫 比丘 부도로 판독될 소지가 있다.

| 구리 아차산 삼층석탑 |

반조당 지훈탑 답사 후 대성사로 내려오는 동선 수립 때에는 대성암 앞쪽의 고려시대 암반 위에 조성한 산천비보 탑의 하나인 경기도 유형문화재 구리 아차산 삼층석탑이 서 있다.
그 앞으로 펼쳐진 남한강 전망도 답사의 일미가 될 것이다.[83]

9. 구리 아차산 서영당 신사 추씨 민홍지탑

| 서영당 |

반조당 부도 향좌측 바위면에 사리공 없이 비신 모양을 구획하고 명문을 새긴 散骨形이다. 이곳에서 내려오면 테니스 코트와 운동 시설이 마련된 공원 옆에 무너진 삼층석탑 부재가 있으며 기회가 되면 함께 동선에 포함시키면 된다.

銘文

西影堂 信士秋氏 旻弘之塔

(서영당 신사 추씨 민홍지탑)

83 구리 아차산 대성암 마애부도. 임병기(선과). 2018년 (https://12977705.tistory.com)

서영당 당호, 민홍 법명을 가진 재가신도 추씨 부도이다. 세로 한 줄로 부도 주인을 새겼다. 그런데, 안양 삼성산 반월암에 비슷한 부도가 있으며 명문은 西影堂 秋氏OO이다.

당호와 성씨가 같고 OO이 旻O으로 읽혀 동일 인물 가능성이 높다. 또한 삼막사 지근의 안양 염불사 승탑원에도 동일 인물 여부는 확인되지 않지만 2018년 안양시 향토문화재 2호로 지정된 서영당 승탑이 있다.[84]

서영당 부도

| 아차산 서영당 |

| 안양 반월암 서영당 |

| 안양 염불사 지홍 |

서영당 부도에 관해서는 보다 심도 있는 연구가 진행되어 동일인 여부와 병행하여 분사리 가능성을 검토하였으면 한다.[85]

---

84 서영당 승탑 명문 信士 西影堂 智弘(신사 서영당 지홍)
嘉慶 十五年 庚午(가경 십오년 경오) 都化主 信士 大信도(화주 신사 대신)

85 구리 아차산 대성암 마애부도. 임병기(선과). 2018년
(https://12977705.tistory.com)

10. 고양 상운사 마애부도

북한산 영취봉 아래에 자리한 상운사는 원효대사가 창건한 사찰로 전하지만 실질적인 창건주는 1722년의 僧將 懷秀스님이다. 상운사는 1711년 북한산성 축성 후 창건하여 산성을 관리하는 승군들이 주둔하는 사찰로 유지되었음을 알 수 있다. 소장하고 있는 문화재로는 1713년 조각승 진열을 비롯 여러 명의 조각승이 참여한 목조아미타삼존이 있다. 비지정 문화유산으로는 약사굴에 자리한 석조약사여래좌상, 복원한 고려 초기 삼층석탑과 수령 400년이 넘은 향나무가 있다.

| 고양 상운사 마애부도 |

마애 사리공은 부도전 뒤편에 조성한 비지정 문화유산인 선각마애여래좌상과 같은 암벽에 있다. 사각형 사리공 덮개는 망실된 상태이며 감실형이다. 마애불이 먼저 봉안되어 있었다면 바로 옆에 사리공을 조성할 까닭이 없으므로 그 이전에 마련했을 것이다. 사리공을 제외한 명문은 없지만 바로 아래에 있는 부도전 위치 등을 감안하면 마애부도로 추정된다.

선각마애상은 광배 안에 봉안되었으며, 머리에 특이한 유형의 보관을 쓴 까닭에 바른 존명은 마애보살좌상이다.[86]

11. 가평 백련사 관조당 마애부도

| 관조당 마애부도 부도비 |

백련사는 축령산에 소재한 봉선사의 말사이며 현대에 창건된 사찰이다. 백련사에서 2022년 10월 24일 우리나라 최초 사진작가 스님으로 알려진 관조 스님(1943년~2006년)의 부도탑비 제막식이 있었다. 부도는 觀照堂의 제자이며 백련사 주지인 승원 스님이 큰 스님 입적 16주기를 기리며 추모 다례제를 올리고 부도와 탑비를 봉안하였다.

86 고양 북한산 상운사, 임병기(선과). 2017년 (https://12977705.tistory.com)

| 관조당 마애부도 |

銘文

觀照堂

(관조당)

森羅萬象天眞同

(삼라만상천진동) 삼라만상이 본래 부처의 모습이니

念念菩提影寫中

(염념보리영사중) 찰나의 깨달음을 한 줄기 빛으로 담았네

莫問自我何處去

(막문자아하처거) 내게 어디로 가느냐고 묻지 마라

水北山南旣靡風[87]

(수북산남기미풍) 본래 그 자리에 언제 바람이라도 일었더냐

마애부도는 방형 감실에 눈이 새겨진 덮개가 있으며 하단에 당호를 새겼다. 평범해 보이는 감실형 부도의 굵은 사각형 테두리는 카메라, 눈동자는 렌즈를 형상화한 것 같다. 즉, 사진을 통해 수행과 포교의 새 길을 개척했던 관조당 스님을 떠오르게 하는 부도이다.

87 관조 스님 遺稿 사진집. 觀照, 불광출판사. 2022년

| 관조당 마애부도 |

감실 측면에는 관조 스님의 悟道頌이 세로로 새겨져 있다. 바로 옆에는 자연석을 기단 삼아 비신과 비 머리를 갖춘 부도탑비가 있다. 전면에는 비구 성국 관조당탑비를 새겼다, 비 머리에 새긴 유가심인도는 다른 탑비에서 찾을 수없는 유일무이한 특징이다. 이렇게 마애부도와 탑비를 봉안한 사례는 밀양 표충사의 효봉 스님 마애부도에서도 볼 수 있다.

12. 남양주 임꺽정봉 마애공

| 임꺽정봉 마애공 |

대동여지도에 양주의 진산으로 불리는 불곡산 제 2봉(450미터)인 임꺽정봉에 있다. 정상부는 북쪽으로 도락산과 남양주 분지가 조망되는 군사요충지로 고구려가 쌓은 8堡壘 터로 알려져 있다.
봉우리에는 제법 넓은 터가 확인되며, 주변으로 석축 흔적이 남아 있다.

정상부 한쪽 바위에 조성된 磨崖孔이 보루 안쪽을 향해 자리 잡고 있어 진입로상에 위치하는 일반적인 마애부도 사리공 좌향과 반대이며 얕다. 따라서 磨崖孔은 좌향과 깊이를 고려하면 사리공이 아니라 정상 보루에 군사시설물을 설치할 당시 바위를 제거하지 않고 기둥을 지탱했던 홈으로 생각된다. 주변에 벽초 홍명희 소설 임꺽정의 생가터로 전하는 청석골이 있어 봉우리 이름이 유래한 것 같으며, 불곡산 등산 들머리 대교아파트에서 50분 정도 소요된다. 정상 부근 기암절벽 위에 설치된 가파른 철 계단에서 주의하여 접근해야 한다.[88]

88 남양주 임꺽정봉. 임병기(선과). 2022년 (https://12977705.tistory.com)

4장

강원도 마애부도

碧雲堂. 影月堂

청평사 삼층석탑 아래쪽 암벽에 벽운당과 영월당 부도가 있다. 2기 모두 비구승으로 생각되며 행장은 전하지 않는다. 20세기에 조성된 마애부도로 추정된다.

강원도 마애부도

강원도의 마애부도는 춘천 청평사 삼층석탑 아래쪽 암벽에 벽운당과 영월당 부도가 있다. 2기 모두 비구승으로 생각되며 행장은 전하지 않는다. 사리공이 없는 산골형이며 20세기에 조성된 마애부도로 추정된다. 여러 자료에 실린 영월 선달산의 감실형 부도는 직접 답사하지 않아 마애부도에 집계 하지 않았다.

강원도 마애부도 현황(표9)

순	봉안 장소	명 문	조성 시기	부도 유형
1	춘천 청평사	碧雲堂	20C 추정	散骨形
2		山人 影月堂	20C 추정	散骨形

강원도 마애부도

| 청평사 벽운당 |

| 청평사 영월당 |

1. 춘천 청평사 마애부도

청평사는 고려 광종 년간(973년) 중국의 영현선사가 백암선원으로 창건하였다. 1068년(문종 22) 지금의 춘천에 해당하는 춘주도의 監倉使로 부임한 李顗가 백암선원의 옛 터에 절을 짓고 보현원이라 하였다. 이후 이자현이 머물며 사찰이 면모를 일신하였고, 조선 명종 때 보우대사가 중건하여 대찰이 되었다. 그러나 한국전쟁의 전화를 입었으며 1970년에 중건하여 오늘에 이른다. 지정문화재는 보물인 회전문과 강원도 문화재자료 삼층석탑이 있으며 주변은 명승으로 지정되어 있다. 특히 고려 정원 영지는 일본의 최고 정원보다 200년 앞선 정원으로 알려져 있다.[89]

| 청평사 |

청평사 입구 구성폭포 뒤편 환희령 바위 위에 서 있는 강원도 문화재자료 삼층석탑 아래 넓은 바위에 당호를 새긴 두 기 마애부도가 있다. 벽운당 마애부도는 좁은 바위 단면에 세로로 당호만 새겼다.

89 청평사 홈페이지(http://www.cheongpyeongsa.co.kr/)

즉, 산골처 또는 사리를 눈에 들지 않게 봉안한 후 당호를 음각한 것으로 추정된다.[90]

1) 벽운당

| 벽운당 |

銘文

碧雲堂

(벽운당)

비구 벽운당 부도로 추정된다. 생몰연대를 새기지 않아 자세한 행장을 알 수 없으며 사리공이 없는 散骨形으로 분류하였다.

엄기표는 散骨形을 巨石形 부도로 분류하였다. "대형 바위에 별도의 사리공을 마련하지 않고, 유골이나 사리 등을 바위 아래나 그 주변에 매장하거나, 대형 바위 자체를 죽은 사람의 무덤으로 인식하고, 주인공을 알 수 있도록 명문을 새긴 경우이다. 이들은 대형 바위나, 암벽 전체를 활용하였기 때문에 소위 巨石形 부도로 분류할 수 있는데, 마애부도처럼 사리공이 없기는 하지만 마애부도와 상통하는 점이 있다."[91]

---

90 춘천 청평사 부도. 마애부도. 임병기(선과). 2019년 (https://12977705.tistory.com)

91 엄기표. 조선시대 마애부도의 특징과 조성 배경. 동악미술사학. 제19호. 2016년

2) 산인 영월당 부도

청평사에는 마애부도 두 기 외에도 고려시대 이자현 부도, 조선시대 환적당과 설송당 부도, 선동 부도가 경내에 남아 있다.

영월당 마애부도는 석탑 부근 바위 벽운당 부도 옆에 위치하며 중앙에 당호, 좌우에도 음각으로 새긴 글씨가 있지만 희미하여 육안 식별이 힘들다.

| 산인 영월당 |

銘文

山人 影月堂

(산인 영월당)

사리공이 없는 散骨形으로 비구 부도로 추정되나, 행장은 전하지 않는다. 좌우 명문을 탁본하면 보다 상세한 내용을 알 것 같다. 고봉 속집 2권 序에 山人 조웅 스님이 등장하지만 기대승(1527~1572)의 생몰 연대를 감안하면 동일 인물은 아닌 것 같다. 왜냐하면 16세기 말에 조성한 마애부도는 확인되지 않기 때문이다.[92]

92 기대승, 고봉전서(高峯全書), 고봉속집 2권, 한국고전종합 DB

5장

충남 · 충북 마애부도

奇峰堂大師軌雲

기봉당대사 마애부도는 몇 가지 주목할 만한 특징이 있다. 부도로 인해 부도골, 부도굴이라는 특정한 지명이 유래되었고, 조성한 片手 이름이 새겨져 있다. 또한 梵字를 새긴 유일한 사례이며, 장식미가 뛰어난 마애부도이다.

충남 · 충북 마애부도

충청도 마애부도는 단양군 기봉당 궤운대사 부도와 금산 개덕사 진산당 부도가 있다. 부도의 다른 명칭인 靈骨을 새긴 기봉당 부도는 우리나라 마애부도 가운데 가장 많은 특징을 가지고 있으며, 장식성이 뛰어나다. 즉, 감실을 가장 깊게 마련하고, 사리공이 안쪽에 자리 잡고 있다. 범자문과 조각한 편수 이름을 새긴 부도이며, 비신형 부도 상부에 화문을 장식하였다, 또한 부도가 있어 부도골 지명이 유래되었다. 다만 기봉당 궤운의 행적이 전하지 않으며, 무신년 간지가 있으나 정확한 조성 시기가 확인되지 않아 아쉬움으로 남는다.

금산 개덕사 진상당 부도는 주지를 지낸 진산당이 주인공이며 2006년 입적한 스님이다. 감실형으로 부도 주인공과 탑비(천진보탑)를 새겼다. 사리공 덮개 중앙에는 연꽃, 좌우에는 용 문양으로 장식하였다.

충청도 마애부도 현황(표10)

순	봉안 장소	명 문	조성 시기	부도 유형
1	단양 대흥사 인근	奇峰堂大師軌雲靈骨之塔 戊申二月 立片手 黃聖大	19~20C 초	碑身形
2	금산 개덕사	眞山堂 浮屠天眞寶塔	2006년	龕室形

| 기봉당 궤운 |

| 진산당 |

1. 단양 기봉당 대사 궤운 영골지탑

몇 년 전 페이스북에 마애부도 사진을 몇 장 올렸더니 당시 부석사 성보박물관 학예사인 김태형 님이 정확한 장소는 모르지만 단양에 마애부도 1기가 있다고 알려 주었다. 이후 마애부도를 찾기 위해 단양 관련 자료를 찾던 중에 단양군청 홈페이지에서 단서를 찾았다.

황정리 지명 유래[93]

부두골 : 부도골. 대흥사 못미처 석벽에 사리굴을 조각하여 놓은 골. 사리굴이 있는 곳을 '검푸재이'라고 함.

사리굴 · 배석대 : 舍利窟. 排石臺. 부두골에 있음.

황정산 원통암[94]

절의 입구를 錦浦汀 浮屠谷이라 하는데, 이 골짜기 어딘가에 암벽을 파고 舍利를 모셔둔 사리굴이 있다고 전한다

부도를 찾기 위해 대강면 사무소의 협조를 받아 황정리 이장과 통화 후 부도골 주소지를 알았으나 마애부도 존재 유무는 모르고 있었다. 2018년 8월 더위가 기승을 부리는 날 현장 답사를 하였으나, 대흥사는 물론 마을 주민들도 금시초문이란 표정이었다.

---

93 단양군청 홈페이지. https://www.danyang.go.kr/town/373 자료 수집 당시에는 대강면 홈페이지가 있었으나 현재는 단양군청>통합읍면에 실려 있다.

94 한국민족문화대백과사전

| 기봉당 대사 궤운 |

혼자 주변을 뒤졌으나 끝내 찾지 못하고 내려오던 길에서 만난 황정리 토박이라는 분에게 자초지종을 설명하였더니 부도가 뭔지는 모르지만 어제 숲에서 글이 새겨진 바위를 보았다며 위치를 알려주었다. 기봉당 대사 부도는 그렇게 인연을 지었다.[95]

궤운 부도는 대강면 황정리 348번에 위치하며, 현재 도로가 개설되기 전 대흥사로 향하는 진입로로 생각되는 암벽에 조성한 마애부도이다
넓은 바위 면을 얕게 깎아 물끊기 홈을 만들고 아래는 위보다 넓게 구획하였다. 구획한 중앙을 감실처럼 깊게 파내고 상단에 2중으로 방형 사리공을 마련한 비신형이다.

비신 상부는 둥글게 치석하였고 그 위로 연꽃 세 송이가 피어있다. 오른쪽 바깥에는 당호를 새겼고, 왼쪽에는 조성 일자와 부도를 조성한 편수 이름을 각자하였다. 좌우 명문 상단에는 범어를 새겨 장식성과 길상의 상징을 부각시켰다.

95 단양 황정리 기봉당대사 궤운 부도. 임병기(선과). 2018년 (https://12977705.tistory.com)

銘文
奇峰堂大師軌雲靈骨之塔
(기봉당대사 궤운 영골지탑)
戊申二月 立
(무신이월 립)
片手 黃聖大
(편수 황성대)

기봉당대사 궤운의 마애부도로. 편수(석수) 황성대가 무신 2월에 조성하였다. 대흥사와 산내 암자에 주석하였을 가능성이 높은 기봉당 궤운대사 행장을 찾기 위해 우선 대흥사를 비롯 원통암, 청련암, 사인암 등 많은 자료를 찾아보았으나 자취를 알 수 없었다.

한국민족문화대백과사전에는 경북 상주 북장사 사적기에 "1880년에 奇峰이 만월당을 중수한 뒤 水月庵으로 개칭하였다. 1900년에 다시 기봉이 수월암을 중수하고, 이듬해에 香閣을 보수하였다."는 기록이 등재되어 있다. 그러나 동일 인물 여부는 확인되지 않는다.

대흥사

단양군 대강면 황정리 黃庭山에 있는 절로 대한불교 조계종 제5교구 법주사의 말사이다. 현재의 대흥사는 조계종 원로회 의장이신 月誕 스님이 폐사된 대흥사를 중창한 것으로 지금도 불사가 진행 중이다.

폐사된 대흥사는 646년(신라 선덕여왕 15년) 자장율사가 통도사와 함께 창건하였는데, 한때는 건물이 200여 칸에 이르고, 10구가 넘는 불상과 오백나한상을 봉안하였으며 수도하는 승려가 천여 명이나 있었던 대규모 사찰이었다고 한다.

1876년(고종 13년) 왜군들의 방화로 소실되었고, 그 후에 폐사되었을 것으로 추정된다고 한다. 대흥사 부속 암자로 청련암, 원통암, 망월암, 굴암 등이 있었는데, 지금은 황정산 중턱 원통암과 덕절산 사인암 옆 청련암이 부속 암자가 아닌 독립 사찰로 남아 있다. 청련암은 1950년대에 대흥사의 대들보와 기둥을 옮겨 지은 것이라 한다. 대흥사가 폐사되자 대흥사에 봉안하였던 오백나한상은 금강산 유점사에 옮겼다고 전한다.

대흥사 폐사와 더불어 오백나한상은 금강산 유점사, 탱화와 잔존 목조부재는 청련암[96], 동종은 죽령 너머 풍기 희방사[97]로 흘러갔다.

靈骨之塔

영골은 사리의 별칭이다. 이곳과 함양 벽송사 義峯堂 靈骨塔에만 사례가 있는 塔號이다.

戊申二月

조선 후기~근세의 무신년은 1848년, 1908년, 1968년이다. 하지만 연대를 특정할만한 사료는 찾지 못했다. 상주 북장사에 주석하며 1880년과 1900년 전각을 중수한 기봉 스님이 부도 주인공과 동일 인물이라면 무신년은 1908년이다.

96 단양 청련암 목조보살좌상. 임병기(선과). 2014년 (https://12977705.tistory.com)

97 영주 소백산 희방사 동종. 부도. 임병기(선과). 2017년 (https://12977705.tistory.com)

片手 黃聖大

아쉽게도 편수 황성대에 대한 자료는 확인되지 않는다. 경남 의령 백련사 각월당 대사 부도와 더불어 편수(석수)이름을 새긴 마애부도이다. 산청 대원사 효봉당 방광탑. 구리 아차산 이보리성 부도, 남양주 불암사 만허당 상균 부도에는 조성한 주체만 있고 편수 이름은 새기지 않았다.

梵字

마애부도에 범자를 새긴 유일한 사례이다. 직접 답사한 기준으로 부도, 탑비에 범자를 새긴 사례는 23기이다.

강진 백련사 승탑원, 보성 대원사 자진국사 부도, 영광 불갑사 회명당 부도, 함평 용천사 회백당 부도, 구례 화엄사 자운선사 부도, 남원 파근사지 혜암당(?) 부도, 남원 실상사 회명당 부도, 남원 실상사 자운대화상 부도, 영천 진불암 백암당 부도, 경주 원원사지 부도, 울산 청송사지 부도, 장성 백양사 소요대사 탑, 여주 신륵사 부도, 양양 낙산사 공중사리탑, 강원도 고성 건봉사 진신사리, 강원도 고성 건봉사 부도원 풍곡당, O봉당. 송암대사 탑비, 속초 신흥사 향서당 부도, 양양 영혈사 영암당 탑비, 대구 가창 남지장사 부도, 춘천 청평사 이자현 부도에 범자가 있다.[98]

98 우리나라의 범자문 부도. 임병기(선과). 2018년 (https://12977705.tistory.com)

梵字를 새긴 부도, 부도비

| 강진 백련사 |

| 경주 원원사지 |

| 고성 건봉사 0봉당 |

| 고성 건봉사 풍곡당 |

| 고성 건봉사 송암당대사 탑비 |

| 고성 건봉사 진신 사리탑 |

| 구례 화엄사 자운선사 |

| 남원 실상사 회명당 |

| 남원 실상사 자운 대화상 |

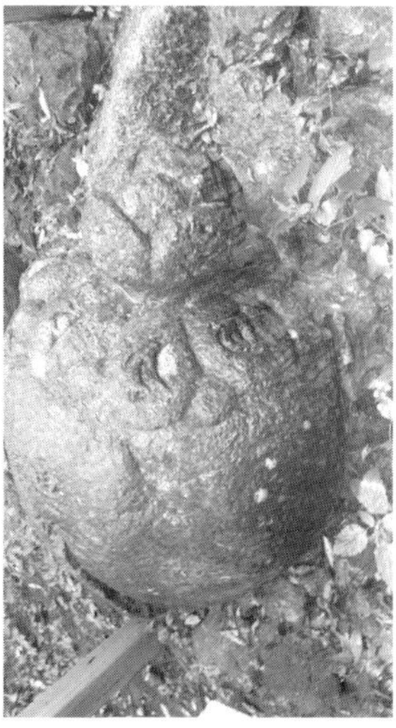

| 남원 파근사지 혜암당 |

| 대구 가창 남지장사 |

| 보성 대원사 자진국사 |

| 속초 신흥사 향서당 |

| 낙산사 공중사리탑 |

| 양양 영혈사 영암당탑비 |

| 여주 신륵사 |

| 영광 불갑사 회명당 |

| 영천 진불암 백암당 |

| 울주 청송사지 |

| 장성 백양사 소요대사 |

| 춘천 청평사 이자현 |

| 함평 용천사 회백당 |

| 단양 기봉당 궤운 |

위에서 살펴본 것처럼 기봉당대사 부도는 몇 가지 주목할 만한 특징이 있다. 우선, 부도로 인해 부도골, 부도굴이라는 특정한 지명이 유래되었고, 둘째. 의령 백련사 혜흠대사 부도와 더불어 조성한 장인인 편수 이름이 새겨져

있다. 또한 범자를 새긴 유일한 사례이며, 장식미가 뛰어난 마애부도이다. 범자를 새긴 부도와 더불어 특이하게 귀부형 기단부를 갖춘 부도도 있다.

귀부형 기단 부도

| 강릉 청학사 |

| 광주 증심사 수월당 |

| 구미 대둔사 완화당 |

| 동해 삼화사 원곡당 |

| 동아대 청송당 |

| 삼척 신흥사 화운당 |

| 속초 신흥사 내원암 |

| 완주 화암사 |

2. 금산 개덕사 진산당 마애부도

| 개덕사 진산당 마애부도 |

금산군 추부면에 위치한 사찰로 자세한 사적은 전하지 않는다. 다만 서대산 기슭에 자리잡은 개덕사 인근 절터에서 고려시대의 기와조각이 발굴되어 그 즈음에 창건된 사찰로 추정한다.

마애부도는 서대폭포 방향의 경내 큰 바위에 방형 사리공을 마련하였고 덮개를 끼웠다. 사리공 덮개 중앙에 연화문, 좌우에는 용 문양을 새겼으며, 사리공 하단 좌측에 세로로 당호, 우측에 탑비 이름을 새겼다.[99]

99 금산.개덕사 마애부도. 임병기(선과). (https://12977705.tistory.com)

| 개덕사 진산당 마애부도 |

銘文

眞山堂 浮屠

(진산당 부도)

天眞寶塔

(천진보탑)

2006년 열반에 든 개덕사 주지를 역임한 비구 진산당의 부도이다. 천진보탑은 진산당 탑비명이다. 천진보탑은 일반적으로 탑처럼 생긴 자연바위를 뜻한다. 실제로 계룡산 갑사 신흥암에는 충청남도 문화재자료로 지정된 진신사리가 봉안된 천진보탑이 있다. 또한, 1966년에 봉안한 밀양 표충사의 효봉큰 스님 탑비 명칭도 천진보탑이다.

3. 천안 만일사 마애공

만일사는 대한 불교 조계종 제6교구 본사인 마곡사의 말사이다. 만일사는 921년(태조 4) 도선이 비보사찰 중 하나로 창건했다는 설이 있으나 도선이 898년에 입적했으므로 신빙성이 없다. 오히려 그 뒤 고려 혜종 때 승려 만일이 도선의 비보사찰설에 의해 조성했다는 창건 설화가 보다 설득력이 있다. 경내에는 금동보살입상, 오층석탑, 마애여래좌상, 법당 뒤편 동굴 속의 석불좌상 등 성보를 소장하고 있다.

| 만일사 마애공 |

磨崖孔은 대웅전 옆 바위에 조성된 마애여래좌상 향 우측에 있다. 磨崖孔은 장방형으로 감실처럼 마련하였으며 명문이 없다, 磨崖孔 위쪽에도 얕고 경사지게 새긴 홈이 두 개가 있어 마애부도가 아니라 마애불 보호각을 설치했던 흔적으로 추정된다.

6장

전남·전북 마애부도

比丘尼 順洪

화엄사 승탑원에는 마애부도인 比丘尼 順洪 靈珠塔과 석종형 부도인 尼順洪知云應安塔이 있다. 순홍 비구니 스님의 행적은 전하지 않지만 分舍利한 부도로 추정된다

전남 · 전북 마애부도

전남의 마애부도는 곡성 도림사 길상암지, 순천 선암사 서승탑원의 성윤수좌, 구례 화엄사 승탑원의 비구니 순홍 부도가 있다. 길상암지 마애부도는 감실형으로 암벽에 사리탑 명문만 새겼다.

성윤수좌는 송광사 주지를 두 번 역임한 스님으로 19세기 초반에 봉안한 것 같다. 마애 부도는 바위 전면에 당호, 후면에 방형 사리공을 마련한 감실형으로 이런 사례는 합천 해인사 원당암 인파당 마애부도와 더불어 두 곳에 있다.

화엄사 승탑원에 자리 잡은 비구니 순홍 마애부도는 사리공 없는 산골형으로 당호를 비신형으로 새겼으며, 승탑원에도 순홍의 석종형 승탑이 있다. 따라서 마애부도와 석종형 부도는 바구니 순홍의 분사리로 추정된다. 비구니의 분사리는 우리나라 부도, 마애부도에서 유일한 사례이다. 순홍 부도를 제외하고 안양 반월당 서영당, 구리 아차산 서영당 마애부도가 분사리로 추정된다.

전북의 마애부도는 정읍 장문리 사지의 명문이 없는 감실형 마애부도가 있다. 한 기는 방형 사리공을 얕게 마련하였으며, 다른 한 기는 비신형 사리공을 깊게 조성하였다. 사지에는 석조여래좌상, 마애선각 불두가 남아 있으며, 사리공 조성 시기는 명확하지 않다.

무주 삼공리 수경대에 여러 기의 磨崖孔 가운데 중앙 磨崖孔만 마애부도로 추정된다. 사리공 위에 명문이 있으나 접근하기가 쉽지 않으며, 육안으로 식별되지 않는다.

전남 · 전북 마애부도 현황(표11)

순	봉안 장소	명문	조성 시기	부도 유형
1	곡성 길상암지	西化堂	19C 후반	龕室形
2	순천 선암사	性允首座舍利塔	19C 초반	龕室形
3	구례 화엄사	比丘尼 順洪 靈珠塔	20C 초반	散骨形
4	정읍 장문리사지	명문 없음. 방형 사리공	20C 추정	龕室形
5		명문 없음 비신형 사리공	20C 추정	龕室形
6	무주 삼공리	명문 구분 안됨. 방형 사리공	20C 추정	龕室形

전남 · 전북 마애부도

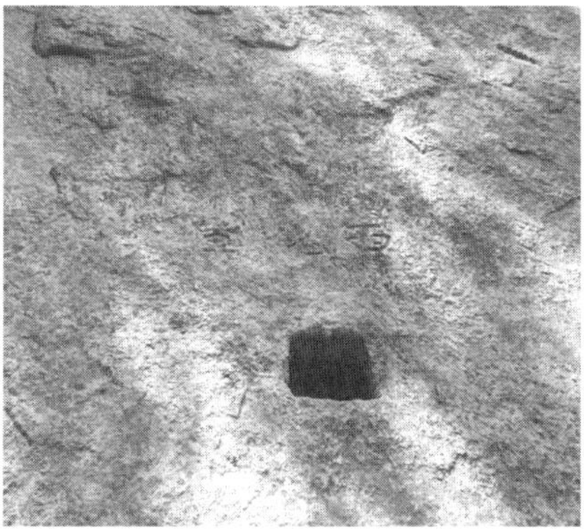
| 도림사 길상암지 |

| 화엄사 성윤수좌 |

| 화엄사 비구니 순홍 |

| 무주 수경대 |

ㅣ정읍 장문리ㅣ

1. 곡성 도림사 길상암지 서화당

ㅣ길상암지 서화당ㅣ

도림사는 조계종 제19교구 본사 화엄사 말사이다. 660년 원효가 창건하였다. 일설에는 그 이전인 582년경 신덕왕후 창건하고 신덕사라 하였는데, 660년 원효가 사불산 화엄사로부터 옮겨와서 도림사로 개칭하였다고 한다. 도림사 산내암자인 길상암 창건과 폐사와 관련한 기록은 명확하지 않으나 '太古寺寺法'에는 송광사 말사로 기록되어 있다. 조선후기 기록인 동사열전에는

19세기 인물인 용운에 의해 길상암 나한전이 보수되었다고 하며, 20세기 초기의 기록 '茶松文稿'에는 1920년에 길상암을 중수한 기록이 있다.[100]

한편 한국민족문화대백과 사전에는 조선 말기 처익(處翼, 1813~1888)이 산내 암자인 吉祥庵을 창건하였다고 기록하고 있다. 도림사에서 계곡을 따라 약 1.7km 떨어져 있는 길상암지는 약수터를 중심으로 좌측에는 조산탑, 석축, 경작지, 수조, 맷돌. 기와 파편, 그릇 조각이 산포하고 있다. 우측 건물터 반대쪽 구역에도 석축, 조릿대, 평탄지가 펼쳐져 있다.

마애부도는 우측 사지 등산로상의 큰 바위에 방형 사리공을 만들고 상부에 가로로 주인공 당호를 음각하였다.[101]

| 길상암지 서화당 |

銘文

西化堂

(서화당)

비구 서화당의 감실형 마애부도이다. 부도 주인은 길상암을 창건한 처익 스님으로 추정되지만 명문에는 서화당만 기록되어 있다. 서화당의 행적은 찾을 수 없으나 19세기 말에 창건한 암자이기 때문에 부도는 19세기 후반~20세기 초, 중반에 조성되었을 것이다.

---

100 한국의 사지현황조사보고서 전라남도 1.문화재청. 2011.

101 곡성 길상암지 마애부도. 임병기(선과). 2018.(https://12977705.tistory.com)

2. 순천 선암사 성윤 수좌 사리탑

조계산 선암사는 태고총림 사찰로 백제 성왕 때 아도화상이 창건하였다고 전한다. 이후 도선국사와 대각국사 의천에 의해서 중창되어 사찰의 면모를 일신하였으나, 임진왜란, 정유재란 등의 전화를 입었다. 현재 가람은 대부분 조선 후기에 이루어졌다.

특히 선암사는 보물로 지정된 승선교, 강선루를 비롯하여 아름다운 경관, 아기자기한 경내의 조경과 대웅전을 비롯한 전각과 건물 배치도 으뜸으로 손꼽힌다. 선암사는 많은 문화유산을 소장하고 있으며 그 가운데서도 1철불, 2탑, 3부도가 유명하다.

1철불은 각황전 철조여래좌상이며, 2탑은 국가지정 보물인 통일신라시대에 조성된 동서삼층석탑, 3부도는 보물로 지정된 고려시대에 조성한 동승탑. 북승탑, 대각암의 팔각원당형 승탑을 이른다. 그밖에도 선암사에는 동승탑원, 서승탑원에 많은 조선후기의 승탑이 봉안되어 있다. 선암사 마애부도는 입구 동승탑원을 지나 등산로상에 위치한 낮은 담장으로 구획된 서승탑원에 있다.

| 선암사 서부도전 |

승탑원의 11기 부도는 담장 안, 성윤 수좌 사리탑은 담장 밖에 있다. 바위 전면에 당호를 새겼고, 후면에 사리공을 조성한 감실형이다.[102]

| 성윤수좌 사리탑(전면) |

| 성윤수좌 사리탑(후면) |

銘文

性允首座舍利塔

(성윤수좌사리탑)

성윤 수좌의 사리탑이다. 큰 바위 앞에 가공하지 않은 자연석으로 배례석을 놓고. 전면에 마애 각자. 후면에 마애 사리공을 마련하였다. 비슷한 사례는 해인사 원당암에도 있다. 원당암 인파당 마애부도는 전면에 명문, 후면에는 석종형 부도를 선각으로 봉안하였다. 성윤 수좌의 행장은 상세하게 전하지 않는다. 다만, 1796~1797년 송광사 주지, 1801년 선암사 遮眼堂, 白雪堂 중수 때에 화주로 참여하였으며, 1814년 봄부터 가을까지 다시 주지를 맡았다고 한다.[103]

송광사에 부도를 봉안하지 않는 까닭은 알 수 없지만, 이력으로 판단하면 19세기 초반에 열반에 든 스님으로 생각된다.

102 순천 선암사 부도전. 임병기(선과). 2017. (https://12977705. tistory.com)

103 엄기표. 순천 선암사 조선후기 부도의 양식과 의의. 호남학 58집 전남대학교호남학연구원. 2015년

3. 구례 화엄사 비구니 순홍 영주탑

화엄사는 대한불교 조계종 19교구 본사로 백제 때 연기조사가 창건 이후, 자장율사, 도선 국사 등에 의해 중건 되었다.

이후 중수와 보수를 거듭하였으나 임진왜란 때 승병 주둔지로 알려지면서 전소되었다. 조선 후기 벽암대사, 계파선사 등에 의해 대대적인 중건 불사가 이루어졌으며, 오늘 날 가람배치의 시원이 되었다. 경내에는 문화유산의 寶庫로 불릴 만큼 많은 성보가 있다.

각황전, 영산회괘불탱, 각황전 앞 석등. 사사자석탑. 목조비로자나삼신불상은 국보로 지정되었으며, 보물로는 동 · 서오층석탑, 대웅전, 원통전 앞 사사자석탑, 화엄석경, 서오층탑 사리장엄구, 대웅전 삼신탱, 각황전 목조여래삼불좌상 및 사보살입상이 지정되어 있다. 그 외에도 여러 점의 지방문화재를 소장하고 있으며 매화와 올벚나무는 천연기념물이다.[104]

| 화엄사 부도전 |

마애부도가 자리한 화엄사 승탑원은 대부분 사람들이 승용차를 이용하기 때문에 인연 짓기 쉽지 않다. 주차장 입구 다리 건너기 전에 위치한 승탑원은 양지 바른 넓은 터에 두 구역으로 구획되어 있다.

104 화엄사 홈페이지

동편은 근세 부도, 탑비가 있고, 위아래로 조성된 서편에는 조선 시대 벽암당 각성(1575~1660)계파당계파당 성능대사(18세기 중반)를 비롯하여 고승대덕과 근세에 이르는 스님들의 승탑이 봉안되어 있다. 대부분 석종형, 범종형이며, 당호도 비석형, 위패형으로 새겼다.

승탑원에는 주목할 만한 특징을 가진 승탑 5기가 있다. 먼저 계파당 성능대사 승탑 상륜부는 흔치 않은 **龍鈕形**이며, 이런 사례는 영동 영국사 석종형 부도(18세기 중반 추정)에서도 찾을 수 있다. 명곡당 현안(19세기 중후반 추정)승탑은 탑신 중앙에 화문으로 띠를 두르고 있으며, 자운대선사탑(18세기 말 이후)에는 범어 문양을 음각하였다. 梵字를 새긴 불탑, 승탑, 탑비는 충북 단양의 기봉당대사 마애부도를 포함하여 23기가 있다.[105]

또한 1941년에 봉안한 진웅대사 승탑 탑신에는 蓮廓 내부에 **蓮蕾** 16개를 돌출시켰다. 범종과 부도 등에 표현된 대부분 연뢰는 9개이며, 진주 삼선암 고려 동종의 6개 연뢰를 제외하면 16개는 유일한 사례이다.[106]

화엄사 마애 부도는 감실 없는 散骨形으로 승탑원 외곽의 바위에 상부를 人자로 파내어 자연적으로 빗물을 차단하였으며, 아래에 비신을 새기고 안쪽에 가로로 탑 주인 당호를 음각하였다.

| 비구니 순홍 영주탑 |

105 우리나라의 범자문 부도. 임병기(선과). 2018. (https://12977705.tistory.com)

106 순천 화엄사 부도전. 임병기(선과). 2017.(https://12977705. tistory.com)

| 비구니 순홍 영주탑 |

銘文

比丘尼 順洪 靈珠塔

(비구니 순홍 영주탑)

비구니 순홍의 마애부도로 영주라는 별칭을 음각하였다. 순홍 스님에 대한 행적은 전하지 않는다. 화엄사 종무소, 성보박물관, 비구니 스님이 있는 미타암을 찾고, 화엄사 관련 문헌 등을 검색하였지만 행적을 확인할 수 없었다. 그런데, 화엄사 승탑원에는 순홍의 부도가 한 기 더 있다. 석종형 부도로 기단에는 복련과 간엽을 새겼으며, 옹기형 탑신 상부에 다시 복련과 간엽으로 장식하고 상륜부에는 탑신과 일석으로 연화보주를 새겼다. 탑신에는 당호가 음각되어 있다.

| 비구니 순홍 승탑 |

銘文

尼順洪知云應安塔

(니순홍지운응안탑)

尼만 새긴 비구니 순홍의 부도이다. 왜 승탑원에 부도를 조성하고, 별도로 마애 부도를 봉안하였는지 명확한 근거는 없지만 분사리로 추정된다. 순홍지운탑 옆에는 1941년에 봉안된 진응대종사 승탑과 1919년에 세운 호은대율사 탑비가 있어 순홍 탑도 20세기에 조성한 부도일 것이다. 따라서 마애부도의 조성 시기도 동시대로 판단된다.

비구니 순홍 외에도 안양 삼성산 반월암의 西影堂秋氏OO 부도와 구리 아차산의 西影堂秋氏信士旻弘之塔도 분사리로 추정된다. 또한 반월암 지근거리의 안양암에 信士 西影堂 智弘의 부도가 있어 세 기 모두 서영당 부도 가능성이 높다 하겠다.

| 파계사 현응대사 부도 |

참고로, 비구니 순홍 부도는 같은 승탑원에 2기를 봉안하였지만, 대구 팔공산 파계사 대비암 승탑원에는 현응대사 부도 4기가 안치되어 있다. 파계사를 삼창한 현응대사는 숙종의 명으로 수락산에서 수도하던 농산스님과 함께 지극 정성으로 기도하여 이듬해에 왕자를 얻었다. 숙종은 선사에게 '현응'이라는 호를 내렸으며, 이때 태어난 왕자가 훗날의 영조대왕이다.[107]

107 파계사 대비암 현응대사탑비와 승탑원. 임병기(선과). 2021. (https://12977705.tistory.com)

4. 정읍 장문리 마애부도

정읍시 고부면 장문리 산19번지 응봉산 사자봉 아래에 위치한 人자형 바위 주변을 주민들은 부처댕이라고 칭한다. 실제로 그런 지명 유래를 가져 온 것으로 추정되는 석불과 마애 불두가 새겨져 있다. 문화재청에서 발간한 한국의 사지에는 장문리사지 2로 기록하고 있으며 사명 및 연혁과 관련된 문헌을 확인할 수 없다고 하였다. 또한 1941년 간행된 朝鮮寶物古蹟調査資料에 의하면 암굴 크기 三尺의 석불좌상 2구가 있으며, 버리는 모두 결실되었고, 하부는 흙에 매몰되어 있다.'고 설명하고 있다.[108]

그러나 2017년 답사 결과 불상 1구만 불두가 결실된 상태로 일부만 노출되어 있었다. 그리고 일제강점기 조선실물고적조사자료에 언급되지 않은 불두가 바위 하단에 새겨져 있으며, 열반에 든 미완성 와불의 불두로 추정된다. 한편으로는 불두가 결실된 상태로 땅속에 매몰된 석불 불두를 상징하여 새긴 완성된 모습은 아닐까라는 생각도 들었다.[109]

| 정읍 장문리 마애부도 |

108 한국의 사지. 전라북도 上. 문화재청. (재)불교문화재연구소. 2016년

109 정읍 장문리 마애부도. 임병기(선과). 2017년 (https://12977705.tistory.com)

이곳 암굴 주변 좌우 바위 면에 인공적으로 조성된 磨崖孔 2기가 있는데, 사리공으로 추정된다.
1기는 방형 사리공으로 깊지는 않으나 2단으로 조성하여 사리막음이 있었음을 알 수 있다. 또 1기는 암벽을 비석처럼 깊게 파낸 유형이다.

장문리와 가까운 남복리의 남복리 오층석탑, 미륵암 석불, 용흥리의 해정사지 석탑, 용흥리 석불입상, 장문리 오층석탑 등 불교 문화유산이 산포해 있다. 특히 석조여래좌상, 마애 불두가 감실과 동일한 암반군의 바위굴에 유존하기 때문에 사리공 가능성이 높아 보인다. 그러나 조성 연대는 알 수 없으며 20세기로 추정될 뿐이다.

5. 무주 수경대 마애부도

무주군 설천면 삼공리 수경대에 있다. 水鏡臺는 1경 나제 통문으로부터 33경 향적봉 까지 이어지는 무주구천동 33경 중 14경으로 계곡 암벽에 수경대 각자가 있다.

| 무주 수경대 |

| 무주 수경대 마애부도 |

이곳 암벽 중앙에 자연적으로 돌출되어 빗물을 막아주는 바위면 아래에 장방형 감실이 있다. 상부에는 육안으로 쉽게 식별되지 않은 '金寧金氏 OOO' 명문이 있으며, 감실 좌우 하단에는 이름을 표기한 고르게 치석되지 않은 얕은 방형, 원형 磨崖孔이 많이 분포되어 있다. 이런 감실은 민간에서 물가에 촛불을 켜고 정월 초하루, 명절 등의 특별한 날 밤에 올렸던 민간 기복신앙의 흔적으로 생각된다. 하지만 중앙 磨崖孔은 다른 것과 다르게 깊고 정치하며, 빗물 막음장치가 있어 김녕 김씨의 마애부도 가능성이 높다 하겠다.[110]

110 무주 삼공리 마애부도. 임병기(선과). 2019년 (https://12977705.tistory.com)

7장

대구 · 경북 마애부도

河氏 清德華

하씨 청덕화는 19세기 중후반에 은해사와 가까운 경산에 거주했던 재가 여자신도이며, 은해사 운부암 금동보살좌상 개금기에 시주자로 등재되어 있다. 마애부도에 희미하게 남아 있는 명문을 탁본하면 정확한 조성 시기와 조성 주체를 밝힐 수 있을 것이다.

대구 · 경북 마애부도

대구에는 마애부도가 아직 알려지지 않고 있으며, 경북에는 예천 용문사, 상주 북장사, 영천 은해사에 각각 1기, 청도 신둔사에 2기가 있다. 용문사 마애부도는 주인공을 새긴 명문이 없으며 비신형으로 19세기 작품으로 추정된다.

상주 북장사 마애부도는 비구 경암당이 주인이며, 위패형으로 임인년 간지가 있어 조성 시기는 1842년, 또는 1902년으로 짐작된다.

영천 은해사 마애부도는 경산에 거주하였던 하씨 청덕화의 위패형 부도이며 청신녀 하씨는 1927년 운부암 금동관음보살 개금불사에 시주자로 참여하였다. 따라서 조성 연대는 20세기 중반으로 추정된다.

청도 신둔사의 2기는 석종형으로 대웅전 뒤 암벽에 자리한다. 1기는 사리탑 명문만 새기고 당호를 생략하였으며, 1기는 부도 주인인 보현수 이씨 사리탑 명이 음각되어 있다. 또한 청나라 문종의 연호 함풍 2년을 새겨 1852년에 봉안된 작품임을 알려 준다.

대구. 경북 마애부도 현황(표12)

순	봉안 장소	명문	조성 시기	부도 유형
1	예천 용문사	명문 없음	19C	碑身形
2	상주 북장사	景巖堂 浮屠 壬寅八月 立	1842년	位牌形
3	영천 은해사	淸信女 河氏 淸德華舍利之塔	20C 중반	位牌形
4	청도 신둔사	舍利塔	19C 중반	石鐘形
5		普賢修李氏舍利塔 咸豊二年壬子四月二十日	1852년	石鐘形

*봉화 북지지 지림사 경내 마애삼층탑 아래에 있는 방형 磨崖孔은 마애부도에 포함하지 않았다.

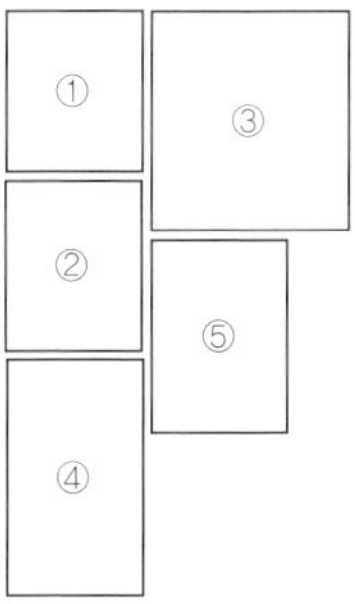

① 용문사 부도

② 북장사 경암당

③ 은해사 하씨 청덕화

④ 신둔사 보현수 이씨

⑤ 신둔사 사리탑

1. 예천 용문사 마애부도

| 예천 용문사 윤장대 |

용문사는 870년(신라 경문왕 10년) 두운 선사에 의해 창건된 사찰이라고 한다. 이후 고려 왕건이 신라를 침공한 후백제를 정벌하러 가는 길에 두운 선사를 만나기 위해 들렀는데 두 마리 용이 인도하여 산 이름을 용문산으로 하였으며, 후삼국 통일 후 절을 크게 지어주었다고 한다. 고려 명종(1131~1202) 때 태자의 태실을 봉안 후 용문산 창기사로 개명했다. 조선시대에는 성종의 비 연산군 어머니인 폐비윤씨(제헌왕후)의 태실을 봉안하고 성불산 용문사로 다시 고쳤다, 정조 때 문효세자의 태실을 쓰고 소백산 용문사로 바꾸었고, 헌종 1년(1835)에 화재로 폐사되었으며, 1840년 경 재건하여 오늘에 이르고 있다.

경내에는 대장전과 윤장대가 국보로 지정되어 있으며, 세조 3년 감역을 면해준 교지, 목각탱인 목각아미타여래설법상, 목조아미타여래좌상을 비롯한 불상, 영산회 괘불탱화와 많은 불화가 국가지정 보물이다. 그 외에도 다양한 불교문화유산이 전각과 성보박물관에 소장되어 있다.

특히, 정조 맏아들인 문효세자 태실, 폐비 윤씨 태실이 경외에 있어 조선왕실과의 관계를 짐작할 수 있다. 우리나라에는 영주(풍기) 초암사의 세종비 소헌왕후 태실,[111] 홍천 수타사의 세조 비 정희왕후 태실,[112] 용문사 폐비

111 소헌왕후 태실. 임병기(선과). 2020년 (https://12977705.tistory.com)

112 홍천 정희왕후 태실. 임병기(선과). 2020년 cafe.daum.net/moonhawje (https://12977705.tistory.com

윤씨(제헌왕후)태실[113] 등 3곳에 왕비 태실이 남아 있다.

| 예천 용문사 마애부도 |

마애 부도는 일주문을 지나 좌측 바위군의 가장 높은 면에 위치하여 접근이 쉽지 않다. 뿐만 아니라 나무가 우거진 계절에는 주목하지 않으면 눈에 들어오지 않는다. 암벽 위는 깊게 아래는 얕게 비석처럼 깎아 내어 자연스럽게 빗물이 흘러내리게 치석 하였다. 중앙에 자리 잡은 사각형 사리공은 위쪽을 "ㅅ" 자형으로 다듬었으며 사리막음 장치는 없어졌다. 주변에 명문이 없어 조성 시기, 부도 주인을 알 수 없다. 다만 마애부도가 18세기 말 이후~근세에 등장한 것을 고려하면, 1840년 용문사 화재 후 재건하는 과정에 큰 보시를 한 상궁, 재가신도로 추정할 수 있겠다. 문화재청에서 발간한 한국의 사찰문화재 자료집에 등재된 19세기 후반의 성보 유물은 1884년에 봉안한 영산전 영산회상도, 십육나한도, 상향전 아미타회상도가 있다. 이때 조성한 불화 화기에 기록된 시주자 중에는 상궁 화장월, 상궁 대법화, 상궁 광도화 등이 참여 하였으며, 재가 신도로는 청신녀 정씨, 김씨 등이 동참하였다.[114]

마애부도 외에도 용문사 부도전에는 근세 고승들의 부도, 부도탑과 조선 시대 종형 부도 3기가 있다. 주인공은 서산대사 9세 법손 덕월, 은허, 황악 조사 승탑이라고 한다.[115]

113 예천 제헌왕후 태실, 임병기(선과), 2018년 (https://12977705.tistory.com)

114 한국의 사찰문화재 경북 2, 자료집, 문화재청, 재)불교문화재연구소, 2018년

115 예천 8경 중 용문사(예천 군청 홈페이지)
https://ycg.kr/open.content/ko/participate/free.bulletin/?i=31231&p=453

특히 한 기는 탑신석에 염주를 장식한 특이한 유형이며, 강진 백련사 승탑원에도 비슷한 부도가 있다.[116]

2. 상주 북장사 경암당 부도

북장사는 조계종 제8교구 본사 직지사의 말사이다. 833년(흥덕왕 8) 진감국사가 창건하였으며, 이후 조선시대에는 수미암, 상련암, 은선암 등의 부속암자를 거느린 대찰이었으나 임진왜란의 병화를 입어 소실되었다. 1624년 이곳에 온 중국의 승려 10여 명이 중건하였으며, 17세기 후반에도 많은 불사가 있었다. 1736년 대화재로 사찰이 불에 탔으며, 19세기 후반 운봉, 기봉 스님이 중건하였다.[117] 현존하는 문화유산은 국가지정 보물인 영산회괘불탱(1688년), 극락전 목조아미타여래삼존좌상(1686년), 경상북도 유형문화재인 목조지장보살삼존좌상과시왕상 등을 소장하고 있다. 그 외에도 마애불두, 마애 승탑 등의 비지정 문화유산이 경내에 남아 있다.[118]

마애부도는 사찰 중심 영역 건너, 예전에는 사찰로 들어서는 진입로로 추정되는 바위에 있다. 위패형 부도로 아래에 장방형 단을 두고 비신 상부를 둥글게 마감하였다, 비신 중앙에 당호, 우측에 조성 시기를 세로로 새겼다. 사리공을 부도 아래편에 마련하였으나 사리공 덮개는 없어졌다.

116 예천 용문사 마애부도. 임병기(선과). 2018년 (https://12977705.tistory.com)

117 한국민족문화대백과사전

118 상주 북장사 마애부도. 임병기(선과). 2014년 (https://12977705.tistory.com)

| 경암당 마애부도 |

| 경암당 마애부도 |

銘文

景巖堂浮屠 壬寅八月 立

(경암당 부도. 임인 팔월 립)

행적이 전하지 않는 비구 경암당 부도다. 조성 시기 임인년은 마애부도 등장이 조선 후기임을 감안하면 1842년, 1902년이 해당되지만 특정할 수는 없다. 1841년 가까운 상주 남장사 관음전 목각탱 개금현판에 景庵 幸肅 스님이 기록되어 있으나, 동일 인물 여부는 확인되지 않는다.[119]

엄기표는 앞의 논문에서 1842년으로 추정하였으며, 景巖堂은 경남 남해 용문사에 봉안하고 있는 경암당 진영과 동일 스님으로 설명하고 있다.[120]

---

119 한국의 사찰문화재 자료집 경북 2. 문화재청.(재)불교문화재연구소. 2018년

120 엄기표. 조선시대 마애부도의 특징과 조성 배경. 동악미술사학. 제19호. 2016년

3. 영천 은해사 청신녀 하씨 청덕화사리지탑

은해사는 809년 혜철국사가 해안평에 해안사로 창건하였으며, 현재 조계종 10교구 본사이다. 이후 고려시대 1270년, 1275년에 중건하였고, 조선시대에도 1485년 중창이 있었으나, 1545년 인종 원년 화재로 전소되었다.

1546년 명종 원년 새로 절을 지었다. 이 때 법당과 비석을 건립하여 인종의 태실을 봉하고 은해사라고 이름을 짓게 되었다.

1712년 숙종 38년에는 은해사를 종친부에 귀속시켰다. 인종 태실과 영조의 어제완문으로 사대부들의 침탈로 부터 사찰이 보호되었으나, 1847년 큰불이 발생하여 대부분 건물이 소실되었다. 다행히도 왕실과 관의 도움 등으로 1849년에 중창 불사를 끝내고 오늘의 모습을 갖추었다.[121]

| 은해사 운부암 |

121 은해사 홈페이지

산내 암자를 제외한 본사의 문화유산은 국가지정 보물인 괘불탱(1750년), 청동북과 북걸이, 염불왕생 첩경도(1750년)가 있으며, 경상북도 유형문화재로는 대웅전 후불탱화 및 삼장탱화1750년), 인종 태실 등이 있다.

| 은해사 인종태실 |

태실 수호 사찰이어서 입구에 하마비를 세웠다. 하마비에 음각된 건립 연도인 庚子小春은 1900년으로 추정한다.

우리나라 사찰 하마비는 태실 수호 사찰, 왕실 원당 사찰, 왕과 왕자의 글씨, 왕과 왕자의 어제문, 왕의 하사품 소장 및 기타 사유로 세웠다.

송광사, 해인사, 통도사, 선암사, 범어사, 고성 옥천사, 법주사, 파계사, 남해 용문사, 남양주 봉선사, 성주 선석사, 원주 법천사지 등 21곳의 사찰에 하마비가 있다.

사찰 하마비[122]

| 강릉 청학사 |

| 고성 옥천사 |

| 남양주 봉선사 |

| 남해 용문사 |

| 대구 파계사 |

| 보은 법주사 |

---

122 우리나라 사찰의 하마비. 임병기(선과). 2020년
(https://12977705.tistory.com)
*성주 관음사 하마비는 관왕묘 수호 사찰에 세운 비석이다.
*청주 월리사는 O弊斷禁碑이며 가마에서 내려 출입하라는 명문이 있으므로 하마비에 포함 하였다.
*해인사 하마비는 양반들의 무례한 처신을 경계할 목적으로 외나무다리 외에 다리를 건설하지 말라는 내용을 새긴 비석이다.
*법천사지에서 발굴된 하마비 조각은 절터에 건립하였다가 훼철된 도동서원에 세웠던 하마비일 가능성도 있다.
*삼척 신흥사 하마비는 下馬가 아니라 현대의 시대상을 반영하듯 명문이 下乘이다.

| 서울 진관사 |

| 부산 범어사 |

| 성주 선석사 |

| 성주 관음사 |

| 순천 선암사 |

| 순천 송광사 |

| 삼척 신흥사 |

| 안동 용수사 |

| 양산 통도사 |

| 홍천 수타사 |

| 의성 지장사 |

| 청주 월리사 |

| 합천 해인사 |

팔만대장경이 있는 법보사찰인 합천 해인사 입구 홍류동 계곡에는 고운 최치원 선생의 글을 비롯하여 많은 글이 바위에 새겨져 있다. 그 명문 가운데 1457년 세조대왕이 머물면서 사찰 경계를 정하는 정계패를 내리고 교지로 산문을 지키게 하라는 내용을 새긴 석각이 농산정 맞은편 길가에 있다.

ㅣ하교 남녀 필파ㅣ

下教 藍轝 筆罷

(하교 남녀 필파)

하교하노라.

해인사는 성지이니 반드시 가마를 타고 다니는 행위를 금하라. 임금이 하교한 가마에서 내리라는 문구는 일반적인 하마비보다 더욱 강한 효력을 발휘했을 것이다.

ㅣ하씨 청덕화 마애부도 ㅣ

그리고 부도전에는 조선후기에 조성된 부도와 근세 부도. 공덕비. 선정비, 고려 시대에 조성된 삼층석탑 부재가 있다. 마애부도는 부도전 옆 암벽에 있으며, 암벽을 깊게 깎아내어 감실을 만들고 장방형의 큰 사리공을 마련하여 사리를 안치한 후 덮개를 덮었다.

덮개 하단에 화문으로 장식한 단을 둔 위패형 부도이다. 사리공 덮개의 암질이 하얀색이어서 눈에 쉽게 들어오는데도 대부분 순례객은 차량으로 진입하거나 무관심으로 크게 주목받지 못한다.

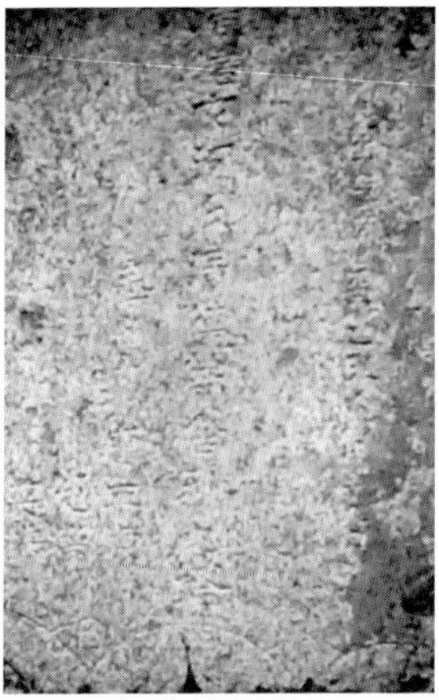
| 하씨 청덕화 |

마애부도를 인지한 사람들도 눈높이보다 높게 자리하여 명문을 확인할 수 없으며, 근접 촬영하여도 뚜렷하게 육안으로 구분되지 않는다. 얼핏 보면 비신형 같지만, 사리 덮개 하단에 화문이 있는 위패형이며, 중앙에는 부도 주인, 좌측에는 조성 시기, 우측에는 조성 주체로 추정되는 명문이 있다.

銘文

清信女 河氏 清德華舍利之塔

(청신녀 하씨 청덕화사리지탑)

| 운부암 금동보살좌상 |

재가 여자신도 청덕화의 부도이다. 부도 주인을 찾기 위하여, 은해사를 포함하여 여러 경로로 확인했지만 소득이 없었다. 마지막으로 문화재청, 불교문화재 연구소에서 발간한 2007년 한국의 사지 경상북도 자료집에 등재된 은해사 성보 문화재 가운데 조선후기~일제 강점기에 조성된 불화, 불상, 화기를 하나하나 확인하던 중 운부암 금동보살좌상 개금기에서 단서를 발견했다.

운부암 금동보살좌상[123] 국가지정 보물. 운부암 원통전에 봉안된 금동보살좌상으로 보관에 화불이 있기 때문에 관음보살로 생각된다. "운부암에 모셔진 보살상으로 불꽃무늬 · 꽃무늬 · 극락조 등으로 장식한 화려한 관을 쓰고 있는 높이 1.02m의 아담한 작품이다. 얼굴은 눈꼬리가 약간 올라간 갸름한 형태이며, 온 몸을 휘감은 구슬장식이 무척 화려한 모습이다. 신체 표현은 굴곡 없이 수평적이어서 형식적으로 처리된 느낌이지만 안정감을 주고 있다.

| 관음성상 개금기 현판 |

이런 표현은 영덕 장육사 건칠보살좌상(보물), 대승사 금동보살좌상(보물)과 비슷한 양식으로 지방적인 특색이 엿보인다. 목에 있는 띠 주름식의 삼도, 가슴 아래 띠로 묶은 매듭 표현, 양다리에 대칭적으로 흘러내린 옷주름 등은 조선 초기 보살상의 전형적인 양식을 따르고 있는 모습이다. 이러한 점에서 고려 후기 경상북도 지역의 지방색을 계승하고 있는 조선 초기의 보살상으로 볼 수 있다. 이러한 점에서 고려 후기 경상북도 지역의 지방색을 계승하고 있는 조선 초기의 보살상으로 볼 수 있다."

원통전에 봉안된 조선초기의 관음성상을 1927년 개금 불사하였으며, 그 기록이 보화루에 걸려 있다.

| 관음성상 개금기 현판 |

123 문화재청 홈페이지. 우리지역문화재. 경북 영천

아래는 개금기 현판 내용에서 발췌했다.

운부암 관음성상 개금기문 현판[124]

雲浮庵 觀音聖像 改金記文 懸板

조성시기

佛紀二千九百五十四年五月十三日

금어

金魚 比丘 普應文性

현판 기록에 의하면 1927년에 개금불사가 있었다.개금을 주도한 금어 보응 문성은 조선말기와 근세에 큰 족적을 남긴 화사이다. 보응의 주요작품으로는 1903년 나주 다보사 지장보살을 개금을 시작으로 1926년 순천 송광사 사천왕상을 보수한 후 개채, 1927년 수화승으로 대구 은해사 운부암 관음상을 改金. 1928년 익산 숭림사 시왕을 보결하면서 나한상을 개채, 임실 성조암에 봉안할 소조관음보살좌상을 조성. 1935년 김제 금산사 미륵불입상 모형 제작에 작품을 출품했지만, 현재까지 발견되지 않고 있다. 1936년 4 월에 서울 종로 안양암 삼존상을 조성, 약사여래를 중수하고 塗粉하였으며, 8월 9일부터 12월 4일까지 평북 영변 묘향산 보현사 사천왕을 조성하였다. 마지막으로 스님은 1951년에 충남 부여 해광사 소조관음보살좌상을 제작하였다.[125]

---

124 한국의 사찰문화재 대구.경북자료집 1. 문화재청. (재)불교문화재연구소. 2007년

125 최선일. 보응문성 작 정읍 약수암 소조관음보살좌상 연구. 불교미술사학 제30집 2020.10 pp.97-118

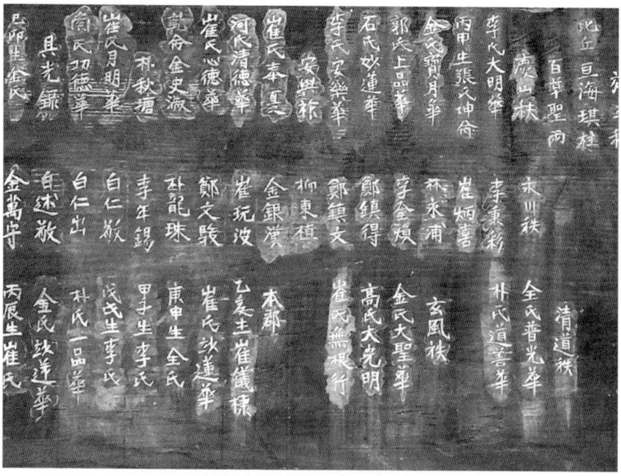

| 관음성상 개금 시주자 명단 |

경산 지역 시주자 명단

慶山秩

李氏大明華 丙申生張氏坤命 金氏寶月華 郭氏上品華 石氏妙蓮華 李氏安樂華 安與祚 崔氏奉夏 河氏清德華 崔氏心德華 乾命金史淑 朴秋塘 崔氏月明華 南氏功德華 具光錄 乙卯生金氏 金氏大蓮華(하략)

개금불사 시주자

개금기에 의하면 교구 본산 및 산내 암자에 주석하는 스님, 상궁 두 사람을 비롯한 많은 재가 신도가 개금불사에 동참하였음을 알 수 있다. 화기에는 재가 여자신도 청신녀는 성씨와 법명을, 청신남은 이름만 기록하였다. 또한 시주한 사람들의 거주 지역(영천, 청도, 현풍, 하양, 경산 등)을 일목요연하게 정리하였다.

河氏清德華

운부암 금동보살좌상 개금기에 실린 내용을 통해 은해사 승탑원의 마애부도 주인임을 알 수 있다. 마애부도 명문과 일치하는 그녀는 수계를 받고 법명을 얻은 재가 여자신도인 청신녀 하씨 청덕화이었다. 따라서 청덕화는 19세기 중후반에 은해사와 가까운 경산에 거주 하다가 세상을 떠난 후 사리가 수습되어 은해사에 봉안하였다고 볼 수 있다. 마애부도에 희미하게 남아 있는 명문을 탁본하면 19세기 중반으로 추정되는 사리탑의 정확한 조성 시기와 조성 주체를 밝힐 수 있을 것이다.[126]

4. 청도 신둔사 마애부도

신둔사는 화양읍 화양 남산길 355번지, 청도의 진산인 화악산(남산)에 있다. "고려시대인 1173년(명종 3) 보조 국사 지눌이 鳳林寺로 창건, 1667년(현종 8)상견 대사가 중창하였다. 1878년(고종 15)에 신둔사(薪芚寺)로 사찰 이름을 바꾸었고, 1926년에 송호 영찬이 중수하여 지금의 모습을 갖추었다. 비지정 문화유산은 조선후기 석조여래좌상, 산신도(1897년), 1918년 금어 김벽산이 그린 영산회상도, 신중도, 지장도가 있다. 또한 조선 후기의 佛殿牌가 있는데, '世子低下壽千秋'라는 명문이 있다."[127] 세자의 전패만 단독으로 봉안한 예는 없으므로 왕과 왕비의 전패는 망실된 것으로 추정된다.

대웅전 앞에는 국가지정 등록문화재인 1924년에 세운 영산보탑과 탑비가 있다. 마애부도는 대웅전 뒤편 암반에 두 기가 있다.

1) 보현수 이씨 사리탑[128]

석종형 사리탑으로 상륜부에 보주를 표현하였으며, 덮개가 사라진 방형 사리공 하단에 가로로 탑 주인을 음각하고. 그 아래에 세운 날짜를 세로로 기록

126 영천 은해사 마애부도. 임병기(선과). 2018년 (https://12977705.tistory.com)

127 한국민족문화대백과사전

128 청도 신둔사 마애부도. 임병기(선과). 2016년 (https://12977705.tistory.com)

하였다. 뒤편 마애부도와 비슷한 유형의 사리탑이다.

| 보현수 이씨 사리탑 |

銘文

普賢修李氏舍利塔

(보현수 이씨 사리탑)

咸豊二年壬子四月二十日

(함풍 2년 임자 4월 20일)

보현수 법명을 가진 재가여자신도 이씨의 사리탑이다. 함풍은 중국 청나라문종 때의 연호이며 함풍 2년은 1852년(철종 3)에 해당된다. 청신녀 이씨에 대한 행적과 신둔사와 관련 사항은 전하지 않는다.

| 신둔사 사리탑 |

2) 신둔사 사리탑[129]

2기 부도 중 뒤편에 위치한 석종형 마애부도로 대좌와 상륜부의 보주를 표현하였다. 탑신석 상부에는 방형 사리공이 있으나 덮개는 망실된 상태이다. 사리공 아래에 가로로 명문을 새겼다.

銘文

舍利塔

(사리탑)

129 청도 신둔사 마애부도. 임병기(선과). 2016년 (https://12977705. tistory.com)

주인공의 명문이 없어 승려의 부도인지, 재가신도 사리탑인지 구분되지 않는다. 위치로 판단하면 앞쪽 사리탑보다 후대에 조성하였으며, 동일 장인, 또는 장인 집단에 의해 만든 작품처럼 비슷한 형태의 마애사리탑이다. 세운 시기는 같은 바위군의 보현수 이씨 사리탑과 비슷한 19세기 후반으로 추정된다.

5. 봉화 북지리 마애공

磨崖孔은 국보로 지정된 북지리 마애여래좌상을 모신 지림사 경내에 있다. 북지리 마애여래좌상은 7세기에 조성된 불상으로 암벽에 감실을 마련하여 봉안하였다.

전체적으로 고부조이며 통견의 법의, 대의자락이 U자를 이루며 대좌까지 흘러내린 상현좌이다. 항마촉지 수인, 광배에는 화불을 새겼으며, 두광 중앙은 연화문으로 장식하였다.[130]

| 마애여래좌상 |

| 마애삼층석탑 |

130 봉화 지림사. 임병기(선과). 2017년
(httphttps://viewer.autodesk.coms://12977705.tistory.com)

磨崖孔은 대웅전 뒤편 암벽에 마애삼존불, 마애삼층탑 아래쪽에 새겨져 있다. 마애여래좌상과 마애석탑은 같은 시대에 조성된 것으로 추정되며, 우리나라 마애탑의 시원으로 알려져 있다.

| 마애공 |

磨崖孔은 마애탑 아래에 위치하며 명문이 없고, 전체 면에 1개만 있기 때문에 마애불과 마애탑 보호각의 시설물로는 판단되지 않는다. 하지만 불상과 탑이 있는 하단에 마애부도를 모신 사례가 없어 마애부도로 분류하지 않았다.

8장

부산시 마애부도

金 極樂願

1937년에 세운 것으로 추정되는 범어사 舍利塔施主芳名碑에 기록된 시주한 사람들의 이름을 확인하는 과정에서 極樂願은 극락왕생 기원이 아니라 재가 여자신도의 법명임을 알게 되었다.

부산시 마애부도

부산 지역에는 모두 5기의 마애부도가 있다. 이 가운데 1797년 9월에 조성된 무운당 부도, 같은 해 10월에 조성된 동곡당 부도는 몇 기 없는 18세기의 부도이다. 2기 모두 석종형 부도로 한 달 사이로 열반에 든 두 비구는 생전에 깊은 인연이 있었음을 암시하며, 같은 장인의 작품으로 추정된다.

사리공과 김극락원 사리탑 명문을 새긴 마애부도는 1937년에 세운 것으로 추정되는 범어사 '舍利塔施主芳名碑' 시주자 명단에 기록된 청신녀 김 극락원의 부도로 생각된다. 따라서 김극락원 사리탑은 20세기 중, 후반에 조성된 부도로 짐작된다.

청신녀 구씨 만련화 부도는 재가 신도임에도 큰 바위에 글씨를 크게 새겨 그녀가 사찰 내에서 만만치 않은 신분임을 알 수 있다.
또한 우리나라 마애 부도 가운데 유일하게 생전의 거주 지역(梁山 居)을 표기하여 주목되는 부도이다.

이상 4기의 부도는 범어사가 자리한 금정산에 위치하여 부도의 주인공들은 범어사에 주석하였던 비구와, 재가 여자신도들로 추정된다. 나머지 1기는 태호당 대안선사 부도로 금강공원 근처의 칠성암에 있다. 대안선사는 칠성암 주지를 지냈으며 2010년 대 초반에 입적한 스님으로 추정된다.
2022년에 조성된 가평 백련사 관조당 부도, 2006년에 세운 금산 개덕사 진상당 부도와 더불어 21세기에 봉안된 마애부도이다.

관조당 부도와 태호당 부도는 새로운 패러다임을 예고하는 작품으로 자리매김할 것 같다.

부산시 마애부도 현황(표13)

순	봉안 장소	명 문	조성 시기	부도 유형
1	금정산 (범어사)	金 極樂願 舍利塔	20C 중반	龕室形
2		東谷堂彰念禪師塔 嘉慶二年 丁巳 十月	1797년 10월	石鐘形
3		無雲堂大師體玉之塔 嘉慶二年丁巳九月	1797년 9월	石鐘形
4		梁山居 淸信女具氏萬蓮花 舍利塔	20C 추정	龕室形
5	금강공원(칠성암)	太湖堂大安禪師浮屠	2010년대 초	石鐘形

| 김극락원 |

| 동곡당 |

| 무운당 |

| 만련화 |

| 태호당 |

1. 금정산 김극락원 사리탑

범어사 원효암을 거쳐 철문을 통해 금정산 용바위 마애미륵불을 목표로 찾아가야 한다. 원효암에는 부산시 지정 유형문화재인 원효암 동 · 서삼층석탑, 목조관음보살좌상, 조선후기~일제강점기에 조성된 승탑 5기가 있다.

| 김극락원 사리탑 |

마애사리탑은 1924년에 조성한 용바위 마애불에서 좁은 산길을 따라 20여 미터 급경사 길을 내려오면 좌측 큰 바위 상단에 있다. 바위 아래편에는 석굴과 배례석이 놓여 있다. 방형 사리탑에는 온전한 사리공 덮개가 있으며 사리공 아래에 가로로 주인공의 명문을 새긴 감실형 마애부도이다.[131]

| 김극락원 사리탑 |

銘文

金 極樂願 舍利塔

(김극락원 사리탑)

2019년 답사기에는 김씨의 극락왕생을 기원하며 봉안한 사리탑으로 기록하였었다. 그러나 1937년에 세운 것으로 추정되는 범어사 舍利塔施主芳名碑에 기록된 시주한 사람들의 이름을 확인하는 과정에서 極樂願은 극락왕생 기원이 아니라 재가 여자신도의 법명임을 알게 되었다.

---

131 부산 김극락원 사리탑. 임병기(선과). 2019년 (https://12977705.tistory.com)

통도사 금강계단 시주자 명단에는 權氏 極樂願 법명이 있다.[132] 경남 산청 원각사에 소장하고 있는 1933년에 조성된 지장시왕도 화기에도 인권 화주로 김씨 극락원(引勸化主 金氏極樂願)이 등재되어 있어 極樂願이란 이름은 재가 여성신도의 법명으로 널리 쓰였음을 알 수 있다.

舍利塔 주인은 1937년경 부산에 거주하였던 극락원 법명을 가진 재가 여자신도이며, 범어사 사리탑 조성 때 十円을 시주하였음을 알 수 있다. 따라서 김극락원 사리탑은 1900년대 중반에 조성된 마애사리탑으로 생각된다. 극락원 법명을 가진 재가신도로 추정되는 마애부도는 서울 사자암의 淸信女趙氏 極樂願 靈珠塔, 경남 창녕 삼성암의 黃氏 極樂(願) 舍利塔이 있다.

금정산 마애사리탑 주인과 범어사 시주자(1937년), 산청 원각사 시주자(1933년)로 기록된 金 極樂願은 같은 시대에 살았지만 같은 사람인지는 확인할 수 없었다.

| 동곡당 마애부도 |

2. 금정산 동곡당 창념선사 탑

김극락원 사리탑에서 등산길을 따라 하산하여, 작은 계곡 건너 두 번째 병풍처럼 생긴 바위에 조성한 2기 부도 가운데 향 우측 부도이다. 석종형 마애부도는 단층 기단에 탑신과 보주를 새겼으며, 탑신 하부에 아치형 사리공을 마련하였다. 사리공 덮개는 망실되었으며, 부도 테두리를 이루는 선각이 두터워 자연스럽게 빗물을 끊을 수 있다.

132 한국의 사찰문화재. 부산 울산 경남 2 자료집. 문화재청.(재)불교문화재연구소. 2010년. 舍利塔施主芳名碑. 舍利塔施主芳名 釜山 (중략) 十円秩 (중략) 金極樂願(하략)

| 동곡당 마애부도 명문 |

부도 아래에 주인공과 조성 년대를 기록하여 편년 설정에 기준이 되는 귀중한 석종형 부도이다.[133]

銘文

東谷堂彰念禪師塔

(동곡당 창념선사탑)

嘉慶二年 丁巳 十月

(가경2년 정사 시월)

비구 동곡당 창념선사의 부도이다. 동곡당에 대한 행적은 찾을 수 없었다. 다만 범어사 또는 산내암자에 주석하였던 선승으로 추정된다. 嘉慶은 청나라 인종 때의 연호로 가경 2년은 1797년이다. 1702년에 조성된 의령 백련사 각월당 부도, 1783년에 봉안한 안양 삼막산 염불암의 현진당 부도, 1796년으로 추정되는 안양 불성사 각원선사 부도에 이어 동곡당 부도는 몇 기 없는 18세기에 조성된 마애부도이다.

| 무운당 마애부도 |

3. 금정산 무운당 대사 체옥지탑

동곡당 창념선사와 같은 바위군 정면에

133 부산 금정산 마애부도. 임병기(선과). 2019년 (https://12977705.tistory.com)

| 무운당 마애부도 명문 |

새겨진 석종형 마애부도이다. 상하 대석에는 앙련과 복련으로 추정되는 화문을 장식하였다. 대좌 위에 석종형 탑신과 보주를 새겼다. 탑신석 하부에 세로가 긴 방형 사리공을 마련하였으나, 사리공 덮개는 없어졌다. 마애부도 아래에 당호와 조성 시기를 음각하였다.[134]

銘文

無雲堂大師體玉之塔

(무운당대사체옥지탑)

嘉慶二年丁巳九月

(가경 이년 정사 구월)

비구 무운당 체옥 스님의 마애부도이다. 스님의 행적은 전하지 않으나 동곡당 창념선사와 함께 범어사 또는 산내 암자에서 정진하였던 선승으로 추정된다. 마애부도는 형태가 흡사하고 글씨체가 동일하여 같은 사람의 작품으로 생각되며, 또한 한 달 간격으로 열반에 든 두 스님은 사제, 도반 등의 관계로 짐작된다. 가경은 청나라 인종 때의 연호로 가경 2년은 1797년이다. 동곡당 부도와 더불어 18세기 말 작품이다.

134 부산 금정산 마애부도. 임병기(선과). 2019년 (https://12977705.tistory.com)

4. 금정산 청신녀 구씨 만련화 사리탑

만련화 마애부도는 범어사 사자암 부근의 대형 바위에 새겨져 있다. 바위 표면을 치석하여 방형 사리공을 마련하고 옆에 가로 글씨로 거주했던 지역을, 세로로 부도 주인을 큰 글씨로 음각하였다. 사리공 덮개는 없어졌다.[135]

| 만련화 |

銘文

梁山居

(양산거)

清信女具氏萬蓮花

(청신녀 구씨 만련화)

舍利塔

(사리탑)

양산에 거주했던 만련화 법명을 받은 재가여자신도 구씨의 사리탑이다. 큰 바위에 부도 주인을 새기고 사리공을 마련한 감실형이다. 구씨 마애사리탑은 우리나라 마애부도 가운데 유일하게 거주 지역을 표기하여 주목된다. 그리고 명문이 양산 통도사 마애 방광탑과 합천 해인사 인파당 부도, 하동 쌍계사 마애방광탑에 버금가는 크기이며, 재가 신도 마애부도 명문으로는 가장 대작이다. 이는 범어사 또는 산내 암자에서 재가 여자신도인 만련화가 차지하는 신분과 무관하지 않을 것이다. 구씨 만련화 마애부도 조성시기는 명문이 남아 있지 않아 20세기로 추정될 뿐이다.

135 부산 청신녀 구씨 만련화사리탑. 임병기(선과). 2018년 (https://12977705.tistory.com)

5. 칠성암 태호당 대안선사 부도

| 태호당 대안선사 |

동래구 우장춘로 175-146. 석굴 법당에 불상을 봉안하였으며 경내에는 원효대사가 새겼다는 '원효'를 새긴 돌과, 흔들바위, 칠성 바위가 있다. 금강공원 주차장에서 육교를 건너 민속예술관 옆 길을 통해 진입하면 소림사 삼거리에 이른다. 여기서 직진하여 정상으로 향하는 길이 들머리며, 100여 미터 이정목에 현혹되지 말고 묵묵히 산길을 따라가면 칠성암에 이른다. 완전한 형태의 석종형 부도를 환조로 새겼으며, 탑신석 중앙에 당호를 음각하였다.[136]

| 태호당 대안선사 |

銘文

太湖堂大安禪師浮屠

(태호당 대안선사 부도)

비구 태호당 대호선사 마애부도이다. 연화대좌에 봉안된 석종형으로 하대석에 앙련을 조식하였고, 하대를 구획한 종형 탑신석 상부에는 복련으로 장식하였다. 상륜부는 탑신석과 한 돌로 받침 위에 연봉형 보주를 올렸다. 태호당은 1950년대부터 칠성암에 들어와 주지를 역임한 강태호 스님으로 추정된다. 부도는 최근에 봉안하였으나 상시로 운영되는 사찰은 아니어서 정확한 조성시기를 탐문하지 못했다. 다만, 포털사이트 상의 여러 자료를 종합하면 2010년 전후로 추정된다.

136 부산 태호당 대안선사 마애부도. 임병기(선과). 2018년 (https://12977705.tistory.com)

9장

울산·경남 마애부도

覺月堂 惠欽大師

깊은 연구와 조사가 있어야겠지만, 1702년 명문이 새겨진 백련사 각월당 부도는 지금까지 최초 마애부도로 알려진 1783년에 조성된 안양 염불사의 현진당 법홍거사 부도보다 80년 이상 앞선 마애부도 시원으로 추정된다

울산 · 경남 마애부도

울산에는 1기, 경남에는 경기의 21기 마애부도에 이어 서울과 동일한 20기가 분포되어 있다. 울산광역시 울주군 온양읍 대운산 내원암 지근 거리에 있는 낙양당 마애부도는 감실형으로 마애부도와 마애부도비를 함께 조성했다. 이렇게 부도비를 세운 사례는 21세기에 봉안된 충남 금산 개덕사 진상당 마애부도와 더불어 두 곳에서 보이는 유형이다.

경남에는 강희 41년(1702) 명문이 새겨진 최초의 마애부도로 추정되는 경남 의령 백련사 각월당 부도가 있다, 각월당 부도는 지금까지 서울, 수도권에서 마애부도가 먼저 유행하였다는 통설을 무너뜨리는 사례가 되는 부도이다.

양산 통도사 4기, 고성 옥천사 3기, 산청 대원사 2기, 하동 쌍계사 3기 마애부도는 방광탑으로 이름 붙였다. 이런 명칭은 다른 지역에서는 찾을 수 없으며, 부산 범어사 승탑원, 범어사 원효암 승탑원, 산청 대원사 승탑원에도 분포하고 있다. 즉, 부산, 경남을 중심으로 활약했던 동일 집단 소속 장인들의 작품으로 유추할 수 있다.

또한 19세기 후반에 봉안한 통도사 대운당 봉협, 관허대사 병형의 마애부도는 출세지탑으로 이름 하였다. 출세지탑은 서울 봉원사의 설담대사, 청신사 이각초, 상궁 준법화, 1893년에 봉안된 청신녀 수천화 마애부도에도 새겨져 있다. 이러한 별칭은 남양주 불암사의 청신녀 정심(1812년), 청신녀 덕원의 당호에도 보인다. 불암사 2기 조성 시기는 19세기 초반이며, 서울 봉원사의 청신녀 수천화(1893년)를 비롯 19세기 후반~20세기 초 작품으로 추정된다. 즉 출세지탑 명칭은 19세기 초반 서울에서 사용되었으며, 19세기 후반에는 부도의 별칭으로 전국적으로 널리 분포되었거나, 남양주 불암사 사찰계원, 장인들과 통도사 사찰 계원들 간의 교류를 짐작할 수 있다.

함양 벽송사 의봉당 부도 탑호는 靈骨塔이며, 서룡당 탑호는 有功塔이다.

합천 해인사 원당암의 인파당 부도는 1846년 부도를 산골한 후 150년이 지나 혜암선사 주도로 당호를 새긴 특별한 배경이 숨어 있다. 바위 전면에는 당호와 건립 주체를 밝혔고, 후면에 석종형 마애부도를 선각한 형태이다. 이렇게 앞뒤에 당호와 사리공을 마련한 부도는 순천 선암사 성윤수좌 마애부도와 함께 두 곳에만 남아 있다.

그밖에 경남의 마애부도는 창녕 관룡사 용선대에 감실형 부도, 1896년에 조성된 것으로 추정되는 삼성암 황씨 극락 사리탑과 선봉성당 산골형 마애부도가 전한다. 1966년에 세운 밀양 표충사의 효봉대사 산골형 부도는 당호를 별도로 새겨 바위 위에 올렸으며, 탑비를 바로 옆에 세웠다.

울산 · 경남 마애부도 현황(표14)

순	봉안 장소	명 문	조성 시기	부도 유형
1	울주 대운산 (내원암)	甲戌四月日 落陽堂 性官碑	19C	龕室形
2	의령 백련사	康熙四一年壬午七月日 覺月堂惠欽大師浮屠造成 片手 斗輝	1702년	散骨形
3	창녕 관룡사 (용선대)	명문 없음	20C 추정	龕室形
4	창녕 삼성암	黃氏 極樂 舍利塔 丙申五月初九日	1896년 추정	碑身形
5		禪奉惺堂	19C 말	散骨形
6	합천 해인사 (원당암)	人波堂 舍利塔 海印寺 願堂庵	1846년	石鐘形
7	산청 대원사	孝峯堂 放光塔 O未三月二十一日 上佐 印空	1883년	散骨形
8		石峯堂放光塔 辛丑 九月 十二	1901년	散骨形
9	하동 쌍계사	萍雲堂放光塔	20C 중반	散骨形
10		霽峯堂 永讚大師 放光塔	20C 중반	散骨形
11		慈月和尙放光塔	20C 중반	散骨形
12	고성 옥천사	惠雨堂 華性之塔 崇禎紀元後 四辛酉 五月	1861년	散骨形
13		瑞峰堂 仁昨(午) 放光 塔	1879년	散骨形
14		명문 식별 안됨		散骨形
15	양산 통도사	華嚴宗主 大雲堂奉洽出世塔	19C 후반	散骨形
16		貫虛大師秉衡出世塔	19C 후반	散骨形
17		華嚴宗主 九鳳堂智和大師塔	19C 후반	散骨形
18		華嚴宗主 建(健)運堂 大師之塔	19C 후반	散骨形
19	함양 벽송사	瑞龍堂有功塔	19세기 말	散骨形
20		義峯堂靈骨塔	20C 초	位牌形
21	밀양 표충사	曉峰大宗師舍利塔	1966년	散骨形

*해인사 해인사 원당암 인파당 부도는 1846년 산골 후 명문은 150년 뒤에 새겼다.

*산청 대원사 승탑원의 서곡당(1916년), 동은당(1890년) 방광탑비는 사리 또는 유골을 큰 바위 부근에 매장했거나 산골 후 세운 탑비로 추정되지만 마애부도로 분류하지 않았다.

울산 · 경남 마애부도

| 대운산 낙양당 |

| 백련사 각월당 |

| 창녕 관룡사 |

| 삼성암 선봉성당 |

| 삼성암 황씨 |

| 해인사 인파당 |

| 대원사 효봉당 |

| 대원사 석봉당 |

| 쌍계사 자월화상 |

| 쌍계사 제봉당 |

| 쌍계사 평운당 |

| 옥천사 혜우당 |

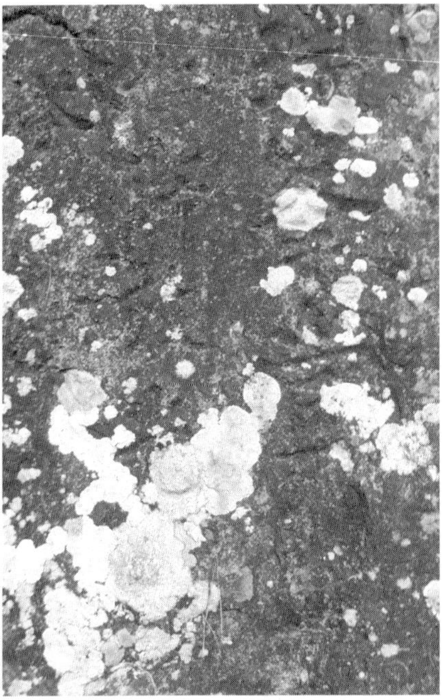

| 옥천사 서봉당 |

| 옥천사부도 |

| 통도사 대운당 봉협 |

| 통도사 관허대사 |

| 통도사 구봉당 |

| 통도사 건운당 |

| 벽송사 서룡당 |

| 벽송사 의봉당 |

| 표충사 효봉 |

1. 울산 낙양당 성관 마애부도

울주군 온양읍 대운상대길 382. 내원암 뒤편 대운산 등산로 옆에 있다. 내원암을 경유하여 정상에서 하산하면서 답사하는 방법과 내원암을 들르지 않고 상대마을 3주차장-대운교-애기소 -갈림길-도통골-구룡폭포-큰바위 전망대로 진입하는 길이 있다.

등산로상의 큰 바위 전망대 부근은 원효대사의 마지막 수행터 용심지로 전하며, 도통골도 대사가 이곳에서 경주 불국사 화재를 예견하고 용심지 물로 진화했다는 설화에서 유래된 지명이다.[137]

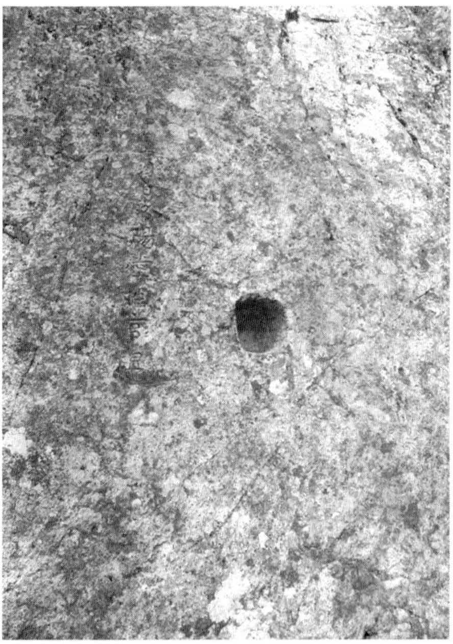

| 낙양당 마애부도 |

마애부도는 용심지 전방 100여미터 암벽에 사리공을 마련하고 봉안하였다. 사리공 좌우에 홈이 남아 있어 사리공 덮개가 있었던 것을 알 수 있다. 마애 부도 우측에는 조성 연대와 주인공 당호를 세로로 새긴 명문이 남아 있다.[138]

137 울산의 설 화(63). 온산 대운산 도통골. 울산매일(2015.11.19)

138 울산 낙양당 성관 마애부도. 임병기(선과). 2018년 (https://12977705.tistory.com)

| 낙양당 마애부도 |

銘文

甲戌四月日

(갑술사월일)

落陽堂 性官碑

(낙양당 성관 비)

낙양당 성관스님의 부도와 부도비이다. 마애부도 앞에 마애탑비를 새긴 사례는 21 세기에 봉안한 금산 개덕사 진산당 마애부도와 더불어 2기만 있다. 또한 세운 시기가 당호 위에 위치한 경우도 흔치 않다.[139]

낙양당 성관의 행적은 전하지 않는다. 다만, 원효의 수행터였던 용심지 부근에 암자를 짓고 수도하였거나, 내원암에 주석하였던 스님으로 추정될 뿐이다. 조성 시기인 갑술년은 마애부도가 출현하는 18세기 말부터 1814년. 1874년. 1934년 중 한 해이다.

2. 의령 백련사 각월당 혜흠대사 마애부도

백련사은 통도사의 말사로 의령군 가례면 자굴산에 자리한 사찰이며 남명 조식, 의병장 곽재우의 일화가 전해온다. 경내에는 경상남도 유형문화재로 지정된 목조보살좌상을 봉안하고 있다.

139 금산 개덕사 진상당 마애부도는 탑비 명칭인 천진보탑을 음각하였다. 밀양 표충사 효봉대선사 마애부도는 별도로 탑비인 천진보탑비석을 세웠다.

| 백련사 목조보살좌상 |

| 견성당 부도 |

보살좌상은 1705년 조각승 沖玉, 覺初와 幀畵 제작자인 양공良工 3명이 참여했다고 화기에 기록되어 있다.[140]

또한 옛 진입로에는 우리나라에서 유일한 장방형 석주에 견성당 당호를 새긴 부도가 있다. 후면에는 乾隆 13年 戊辰 명문이 새겨져 있어 1748년에 조성되었음을 알 수 있다.

마애부도는 백련사 은행나무 근처 경사진 곳의 장군 바위로 불리는 바위에 새겨져 있다. 길쭉하게 새긴 바위는 상, 하로 나뉘어 있으며, 하단에 명문이 새겨져 있다.

140 의령 백련사 목조보살좌상. 임병기(선과). 2015년 (https://12977705.tistory.com)

| 각월당 혜흠대사 |

銘文[141]

康熙四一年壬午七月日

(강희 41년 임오 칠월 일)

覺月堂 惠欽大師浮(屠) 造成

(각월당 혜흠대사 부도 조성)

片手 斗輝

(편수 두휘)

명문에 의하면 1702년 각월당 혜흠 대사 부도를 조성했으며 편수는 스님으로 추정되는 두휘이다. 혜흠대사가 입적 후 다비, 사리 및 뼈 수습, 부도 안치 장소 선정, 바위 주변에 뼈를 뿌리거나 매장, 마애부도 봉안, 명문 각석 등 일련의 과정을 '造成'으로 표현한 것으로 생각된다. 즉 명문이 새겨진

141 백련암 마애부도는 2022년 11월 06일 주지 도진 스님 안내로 문화유산 답사 동호회원들과 함께 답사하였다. 명문은 마모가 심하며 (屠)는 필자의 견해이다.

바위는 감실을 마련하지 않은 혜흡대사의 散骨形 마애부도로 추정된다.

두 번째 답사에서는 주지 스님과 함께 상단 바위 밑에 인위적으로 작은 돌을 끼워 넣어 넘어지지 않도록 균형을 맞추었고, 빗물을 차단할 목적으로 쌓은 돌을 확인하였다. 또한 지금은 무너진 상태지만 하단 바위 측면에도 가공한 돌을 차곡차곡 쌓은 흔적이 남아 있다. 마애 부도에 장인의 이름을 새긴 사례는 단양 기봉당 궤운 대사 부도와 백련암 각월당 부도에만 있다.
또한 造成 명문은 1904년에 건립한 서울 호국지장사 밀양 박씨 명심행 마애부도와 이곳에만 있다.

명문 중 도(屠)가 정확하게 판독되지 않아 깊은 조사와 연구가 있어야겠지만 , 1702년 명문이 새겨진 각월당 부도는 지금까지 최초 마애부도로 알려진 1783년에 조성된 안양 염불사의 현진당 법홍거사 부도보다 80년 이상 앞선 마애부도 시원으로 추정된다.

3. 창녕 관룡사 마애부도

| 관룡사 용선대 |

창녕군 창녕읍 화왕산 관룡사길 171번지,관룡사는 통도사 말사로 신라시

대에 창건된 사찰이다. 현재 사찰에 소장 중인 문화유산은 보물로 지정된 약사전. 용선대 석조여래좌상. 관룡사 석조여래좌상. 목조석가여래삼불좌상. 대웅전 관음보살벽화가 있다. 삼층석탑, 사적기, 목조지장보살 등이 경남도 지정 유형문화재이다. 그 외에도 경남 민속문화재인 석장승과 경내 외 부도전에는 7기의 부도와 탑비가 남아 있다.

마애 부도는 사찰 뒤편 용선대에 봉안된 통일신라시대 석불좌상과 같은 바위군에 있다. 용선대는 반야용선을 의미하며, 피안의 세계로 향하는 배를 이른다. 즉, 석불은 뭇 중생을 피안으로 이끄는 용선을 진두지휘하는 선장의 자리에 앉아 있다. 석불좌상은 3단 대좌 위에 불신을 올렸으며 광배는 결실되었다. 나발에 우견편단의 대의. 항마촉지인의 석불이다. 근자에 발견된 개원십O(開元十O) 명문으로 인해 722년~731년 사이에 조성된 불상으로 밝혀졌다.[142]

| 관룡사 용선대 마애부도 |

마애부도는 용선대 불상을 호위하는 신장처럼 좌우에 시립한 바위 끝에 있어 주의하지 않으면 눈에 들어오지 않는다. 바위에 사각형 사리공을 깊게 파고 사리공 위에 화문을 새긴 것 같다. 당호 등의 명문이 남아 있지 않지만 사리공 테두리에는 얕은 홈이 남아 있어 사리공 덮개가 있었음을 알 수 있다. 감실형으로 구분하였으며, 조성 시기는 특정할 수 없으나 19세기 말 이후로 추정된다.

142 창녕 관룡사 용선대 마애부도. 임병기(선과). 2014년 (https://12977705.tistory.com)

4. 창녕 삼성암 마애부도

창녕군 계성면 북암길 147,삼성암은 신라시대의 고찰로 583년(진평왕 5)에 창건되었다고 전하고 있으나, 사찰의 면모를 갖춘 시기는 1838년 海運宇洪 스님이 법당을 창건하면서부터이다.

1839년에 작성된 靈山大興寺三成庵法堂創建文과 1866년의 法堂上樑文에 의하면, 1838년에 법당을 새로 짓고 이듬해 단청을 완료하였으며, 관음상과 칠성성상을 조성하여 봉안했다고 한다.[143]

따라서 2004년 경상남도 유형문화재로 지정된 보광전 목조관음보살좌상은 이때 조성한 보살상임을 알 수 있다.

1) 황씨 극락 사리탑

마애부도는 보광전 뒤편 바위 면에 봉안된 비신형으로 상부에 방형사리공이 있고 그 아래에 세로로 부도 주인과 조성 일자를 음각하였다. 마애부도 앞은 경사가 심하고, 공간이 좁아 주의를 요한다.

| 황씨 극락 사리탑 |

銘文

黃氏 極樂 舍利塔

(황씨극락사리탑)

丙申五月初九日

(병신오월초구일)

極樂 법명을 가진 황씨의 부도이다. 극락은 극락왕생의 의미가 아니라 법명으로 다른 곳에서도 여럿 확인된다.

143 한국민족문화대백과사전

부산 범어사 舍利塔施主芳名碑와 양산 통도사 금강 계단 시주자 명단의 權氏 極樂願, 부산 금정산 金 極樂願 舍利塔, 서울 사자암 淸信女 趙氏 極樂願 靈珠塔 등을 그 예로 꼽을 수 있다.[144]

조성 시기인 병신년은 마애부도가 등장하여 널리 분포한 18세기 말 이후로 추정하면 1776년, 1836년, 1896년이다. 그러나 우홍 스님이 1838년 법당을 창건하고 목조관음을 모셨으며, 1866년 법당 상량문 등을 고려하면 황씨는 삼성암 불사에 큰 시주를 한 재가신도이며, 병신년은 1896년일 가능성이 높다 하겠다.[145]

마애부도와 같은 바위에 마애탑 명문보다 오히려 크고 깊게 새긴 具然泰 禪奉惺堂 具弘悳 李奎憲은 마애탑과 관련성은 확인할 수 없다. 禪奉惺堂은 산골형 마애부도로 분류하였다.

2) 선봉성당 마애부도

| 선봉성당 |

황씨 극락사리탑과 같은 바위 향 우측에 세로로 새겨져 있다. 마애부도는 사리공이 없는 산골형이다

銘文

禪奉惺堂

(선봉성당)

---

144 한국의 사찰문화재. 부산 울산 경남 2 자료집. 문화재청.(재)불교문화재연구소. 2010년

145 창녕 삼성암 마애부도. 임병기(선과). 2017년 (https://12977705.tistory.com) 조성시기를 1836으로 추정하였으나 본문에는 1896년으로 수정하였다.

禪(師)奉惺堂인지, 법호와 법명인지 불분명하며, 스님의 행장은 전하지 않는다. 같은 바위의 황씨 사리탑 글씨 보다 오히려 크고 깊게 새겨져 있어 황씨 사리탑 이전에 조성된 마애부도일 가능성이 높아 보인다. 具然泰 具弘悳 李奎憲 등 좌우 명문은 마애부도와 관계없이 개인의 기복을 발원하며 조성한 것으로 생각된다.

5. 해인사 원당암 인파당 사리탑

| 인파당 (전면) |

해인사는 대한불교조계종 제12교구 본사로 佛寶 통도사, 僧寶 송광사와 함께 法寶사찰로 삼보사찰(三寶寺刹)의 하나이다. 해인사 산내 암자인 원당암은 창건 시에는 鳳棲寺라고 전해지고 있으나 신라 제51대 진성여왕과 각별한 관계이었던 각간 위홍이 죽자, 혜성대왕으로 추존하고 해인사를 혜성대왕 願堂으로 삼은 데서 유래되었다고 한다.[146]

경내 문화유산으로는 우리나라 청석탑의 시원으로 추정되는 통일신라 하대에 조성된 다층 청석탑, 화사석이 결실된 석등 간주석이 보물로 지정되어 있

146 해인사 원당암 홈페이지

다. 또한 보광전에 봉안된 조선시대의 목조아미타여래 삼존과 복장유물도 2020년 보물로 지정되었다.

인파당 사리탑은 원당암 입구 무생교 건너 하천변에 자리한 바위에 있다. 바위 전면 하단에는 당호와 조성 주체를 새기고 뒤에는 석종형 마애부도를 새겼다. 뒷면의 석종형 부도는 이끼 때문에 육안으로 쉽게 식별되지 않는다.[147]

| 인파당(후면) |

銘文

人波堂 舍利塔

(인파당 사리탑)

海印寺 願堂庵

(해인사 원당암)

인파당(?~1846년)은 해인사 백련암에 주석하다가 1846년 열반에 든 스님이다. 스님은 학문과 시에 조예가 깊어 백낙천의 후신으로 칭송받았던 분이다. 해인사 백련암 원통전 주련에는 스님의 임종게가 실려 있다.[148]

橫抽寶劍按靈臺(횡추보검안영대) **보검을 비껴 뽑아 영대를 어루만지니**

殺活奇權手端開(살활기권수단개) **살활자재 善方便이 손끝에서 전개된다.**

龍將雲雨飛神變(용장운우비신변) **용은 구름과 비로 신통변화 일으키고**

風得虛空任往來(풍득허공임왕래) **바람은 허공 얻어 마음대로 오고가네.**

---

147 합천 원당암 마애부도. 임병기(선과). 2016년 (https://12977705.tistory.com)

148 월간 古鏡. 1998년 6월(통권 10호). 선시산책. 박상준

인파당 사리탑은 1846년 스님 입적 후 150여 년이 지난 뒤 원당암에 주석하던 혜암대종사께서 당호를 새겼다고 한다, 그러나 열반에 든 후 다비를 치루고 사리, 또는 유골을 수습하여 바위 주변에 묻었기 때문에 1846년에 조성된 부도이다. 뒤편에 새긴 석종형 부도는 1846년에 조성한 것인지 당호를 새길 때인 21세기에 마련한 것인지 확인되지 않는다.

"인파당 스님이 입적하시자 많은 제자들이 모여 다비식을 치렀다. 살아계시면서도 이미 깨달음이 깊은 도인으로 여러 가지 이적을 보여주신 터라 제자스님들은 다비식 후에 보일 인파스님의 사리에 대해 만만치 않은 기대를 갖고 있었다. 그러나 기대와는 달리 다비한 자리를 아무리 뒤져도 사리는 한 과도 나오질 않았다. 그날 밤, 제자들이 모여 그간의 스님 행장을 놓고 갑론을박 서로의 잣대를 들이대며 돌아가신 큰스님에 대한 평가를 놓고 시비 분별심에 빠져 있을 즈음, 다비식이 있었던 마당에 오색 빛 한줄기가 나타나더니 눈 깜짝할 사이에 산으로 내려가는 것을 보게 되었다. 놀란 제자들이 그 빛을 따라 아래로 내려가니 바로 지금의 자리인 원당암 근처 큰 바위 위였다. 그 상황이 하도 괴이하여 바위를 올라가보니 그곳에 인파스님의 사리가 놓여 있었다. 제자들은 그 자리 그대로인 큰 바위 위에 구멍을 파고 스승의 사리를 모셨다. 그리고 150년이 지난 10여 년 전, 인파 도인의 자연과 더불어 하나는 삶에 대한 큰 가르침이 흐른 세월만큼 희미해져 가는 것을 안타깝게 여기신 혜암대종사가 비로소 스님의 이름 한 자를 새겨 다시 흔적을 남기시니 공부가 모자란 후대는 다시 한 번 인파당 스님의 큰 뜻을 새기게 되는 기회를 얻었다."[149]

인파당 사리탑은 바위 전면에 당호를 새기고 뒤에는 석종형 부도를 음각하였다. 당호가 전면에 있고 사리공이 후면에 있는 사례는 순천 선암사 서부도전의 성륜 수좌 마애부도와 더불어 국내에 두 곳에만 있다.

149 월간 해인. 2008년 10월(통권 320호)에서 발췌. 무위자연의 도인. 인파스님

6. 산청 대원사 마애부도

대원사는 548년 연기스님이 平原寺로 창건하였다. 이후 1685년에 운권스님이 옛터에 절을 짓고 大源庵이라 하였으며, 1890년 구봉이 중건하고, 조사영당, 방장실, 강당을 세우고 대원사로 사명을 바꾸었다. 1955년 비구니 만허당 법일 스님이 주지로 부임 후 오늘의 사세를 이루었다. 대원사는 양산의 석남사, 예산의 견성암 등과 함께 우리나라 대표적인 비구니 참선도량이다.[150] 경내에는 보물로 지정된 다층석탑, 경상남도 지정 유형문화재 신중도와 청동 반자 등의 성보가 있다.

승탑원에는 화봉당탑, 설봉당탑, 용서당 장영방광탑, 서곡당과 동은당의 방광탑비가 있다. 그리고 삼장사지에 있었던 당호가 확인되지 않은 2기 부도도 최근에 옮겨 왔다. 마애부도는 부도전 옆 암반에 각자되어 있는 방광탑이다. 2기 방광탑의 글자체는 동일인의 작품으로 추정될 정도로 비슷하다. 방광탑은 2기 모두 탑 주인공과 세운 일자를 세로로 음각하였으며, 효봉당 부도는 세운 주체가 음각되어 있다. 부도전의 서곡당 방광비(1916년)와 동은당 방광비(1890년)는 바위 주변에 산골한 후 세운 비로 추정되지만 근거가 없어 마애부도로 분류하지 않았다.[151]

| 대원사 마애부도 |

150 대원사 홈페이지(https://www.daewonsa.net)

151 산청 대원사 부도전. 임병기(선과). 2016년 (https://12977705.tistory.com)

1) 효봉당 방광탑

부도전 옆 바위에 새겨진 2기 마애방광탑 가운데 좌측 탑이다. 사리공 없는 산골형으로 바위에 비신처럼 구획된 중앙에 당호를 새기고, 좌측 하단에 세운 주체가 음각되어 있다.

| 효봉당 방광탑 |

銘文

孝峯堂 放光塔

(효봉당 방광탑)

O未三月二十一日

(O미 삼월 이십일일)

上佐 印空

(상좌 인공)

효봉당 스님의 방광탑으로 정면에 당호와 조성시기, 측면에 탑을 조성한 상좌 인공 명문을 새겼다. 스님의 행적은 확인되지 않는다. 조성시기는 부도전의 桐隱堂放光碑(光緖十六年庚寅三月日. 1890년)와 棲谷堂放光碑(丙辰十二月日. 1916년)를 기준으로 판단하면, O未년은 1883년 癸未年으로 추정된다.[152]

2) 석봉당 방광탑

부도전 옆 바위에 새겨진 2기 중에 우측 방광탑이다. 효봉당 방광탑과 같은 산골형으로 사리공이 없다. 바위에 비신처럼 구획된 네모 속에 당호와 세운 시기를 음각하였다.

152 한국의 사찰문화재, 경남 1자료집. 문화재청. (재)불교문화제연구소). 2009년

| 석봉당 방광탑 |

銘文

石峯堂放光塔

(석봉당 방광탑)

辛丑 九月 十二

(신축 구월 십이일)

행적이 전하지 않은 석봉당 스님의 방광탑으로 당호와 세운 일자를 새겼다. 조성 시기는 부도전의 桐隱堂放光碑(光緒十六年庚寅三月日, 1890년)와 捿谷堂放光碑(丙辰十二月日. 1916년)를 기준으로 판단하면, 辛丑年은 1901년으로 추정한다.[153] 한편, 강진 정수사와 공주 갑사 승탑원에도 석봉당 승탑이 있으나 동일 스님은 아닌 것 같다.

7. 하동 쌍계사 마애부도

대한불교 조계종 13교구 본사인 쌍계사는 통일신라 때(724년) 大悲, 三法 두 화상이 선종의 육조 혜능의 頂相(머리)을 모시고 귀국하여 금당 구역에 창건하였다. 840년에는 중국에서 귀국한 혜소 진감선사가 玉泉寺를 중창하였다. 정강왕 때 쌍계사로 이름을 바꾸었으며, 이후 사적은 전하지 않는다. 조선 전기 1549년 등 몇 번 중창이 있었으나, 임진왜란 때 피해를 입었다. 이후 여러 번의 중수를 거쳐 벽암 각성 스님 때 현재의 대웅전 구역에 자리 잡았다.[154]

---

153 한국의 사찰문화재, 경남 1자료집. 문화재청. (재)불교문화재연구소). 2009년

154 쌍계사 홈페이지

경내에는 국가지정 국보 진감국사 대공탑비를 비롯하여 대웅전, 쌍계사 승탑, 팔상전 영산회상도, 삼세불화, 목조 삼세불좌상 및 사보살입상, 괘불, 감로왕도, 동종이 보물로 지정되어 있다. 그 외에도 많은 전각, 불화, 경전 등이 지방문화재로 등록되어 있다.

쌍계사에는 국보로 지정된 진감선사탑(쌍계사 승탑)을 비롯하여 부도전에는 벽송당 탑, 허한당 탑과 당호를 새기지 않은 부도 1기가 있다. 또한, 경내에는 20세기 초반에 조성한 평운당, 제봉당, 자월화상 방광탑이 바위에 새겨져 있다.[155]

| 쌍계사 |

155 하동 쌍계사 부도. 임병기(선과). 2016년 (https://12977705.tistory.com)

1) 평운당 방광탑

팔영루 앞 좌측, 바위에 암각 되어 있다. 방광탑은 바위 면을 장방형으로 깎고 당호를 새긴 사리공이 없는 散骨形이다. 비신처럼 구획된 상부 좌우측은 모죽임 하였다.

| 평운당 방광탑 |

銘文
萍雲堂放光塔
(평운당 방광탑)

평운당 스님의 마애 방광탑이다. 스님의 행적과 정확한 조성연대는 새기지 않았으나, 쌍계사 성보전에 소장하고 있는 유물을 통해 생애의 단편을 이해할 수 있다. 먼저, 1899년 시왕 개체 현판에 등장한다.

慶尙南道河東郡三神山雙磎寺冥府殿重建與十王 改彩并丹雘記 懸板
山中老德秩. 龍潭敬天. 慈月敏幸. 虎山時俊 花潭道永 印溪倫萬 桂庵快暎 暎華亘揖」 幻溟奉愼 壽山四賢 萍雲惠明[156]

그리고 1915년 청학루 중창기에도 坪雲慧明 스님이 등장한다. 坪과 慧는 잘못 기록된 것 같다

156 한국의 사찰문화재 경남1 자료집. 문화재청. (재)불교문화재연구소. 2009년

三神山雙磎寺青鶴樓重創記 懸板

大德 春茗冠城 中德 晦明自定. 大禪 龍溟性華. 英華亘俠. 坪雲慧明[157]

시왕 개체 현판 기문, 창학루 중창기에 등재된 기록을 기준으로 살펴보면 평운당 스님은 19세기 말~20세기 초에 쌍계사에 주석하였던 스님으로 추정된다. 따라서 마애방광탑은 20세기 중반에 조성되었음을 짐작할 수 있다.

2) 제봉당 영찬대사 방광탑

일주문 옆 개울 건너 바위에 새긴 散骨形 방광탑이다. 네모로 구획된 중앙에 세로로 당호를 음각했으며 그 중간에 작은 글씨로 영찬 대사를 표기하였다. 제봉당 영찬(?) 스님의 방광탑으로 영찬은 육안으로는 분명하지 않다, 스님의 행적, 조성 시기가 전하지 않는다, 1913년에 세운 쌍계사 용담선사비에 제봉 각연(霽峯覺淵) 스님이 기록되어 있지만 동일 스님인지 여부가 불확실하다.[158]

| 제봉당 방광탑 |

다만 평운당과 자월화상 방광탑이 20세기 중반으로 추정되어 동시대에 조성한 방광탑으로 생각된다.

銘文

霽峯堂 永讚 大師 放光塔

(제봉당 영찬 대사 방광탑)

157 한국의 사찰문화재 경남1 자료집.문화재청. (재)불교문화재연구소. 2009년

158 한국의 사찰문화재 경남1 자료집.문화재청. (재)불교문화재연구소. 2009년

| 자월화상 방광탑 |

3) 자월화상 방광탑

제봉당 방광탑 부근에 있으며 바위를 깎아 내고 연화문으로 장식된 위패 중앙에 당호를 새긴 散骨形 방광탑이다. 당호 옆에는 얕게 선각된 조성 시기로 추정되는 명문이 있지만 식별되지 않는다.

銘文

慈月和尚放光塔

(자월화상 방광탑)

자월 스님의 행적과 방광탑에 관한 기록은 찾지 못했으나, 쌍계사에 소장하고 있는 여러 유물을 통해 생애의 단편을 짚을 수 있다.

1890년에 조성하여 국사암에 봉안하였던 독성도 화기에 국사암에 거주하는 스님으로 기록하고 있다.

本庵秩 籌室 幻虛明悟 立繩 瑞龍法演 錦海祐善 慈月敏幸 慈月敏幸[159]

또한, 성보전에 전시된 1879년 서방장 중수기 현판에 등재되어 있다. 민행은 자월 스님의 법호로 추정된다.

西方丈重修記 懸板, 禪德秩 佑定 敏幸

---

159 한국의 사찰문화재 경남1 자료집. 문화재청. (재)불교문화재연구소. 2009년

그리고 1899년 시왕 개체 현판에 평운 스님과 함께 이름을 올렸다. 평운 스님보다 앞쪽에 등재되어 있어 도반이거나 사형(師兄) 관계임을 알 수 있다.

慶尚南道河東郡三神山雙磎寺冥府殿重建與十王 改彩并丹雘記 懸板

山中老德秩. 龍潭敬天. 慈月敏幸. 虎山時俊 花潭道永 印溪倫萬 桂庵快暎 暎華亘摂」 幻溟奉愼 壽山四賢 萍雲惠明[160]

자월 스님도 평운 스님과 더불어 19세기 후반에서 20세기 중반 이전에 쌍계사에 머물렀고, 1890년에는 국사암에 주석하였던 스님으로, 방광탑은 그 즈음에 조성한 것 같다.

8. 고성 옥천사 마애부도

옥천사는 670년(문무왕 10)에 의상이 창건하였다. 고려 시대인 1208년에 慧諶이 중창하였다. 임진왜란 때 전화를 입어 1639년 학명과 의오 스님이, 1883년에 용성이 중건하였다. 1919년에는 영호 스님이 洗塵橋를 놓은 것을 비롯하여 두 차례 중수하였다.

경내에는 보물로 지정된 청동금고. 지장보살도 및 시왕도. 영산회 괘불도가 있으며, 대웅전, 자방루 등의 전각과. 청동 향로. 동종, 불화, 불상 등이 경상남도. 유형문화재로 지정되어 있다. 그 밖에도 옥천사 일원이 기념물로 지정되어 관리되고 있다.

옥천사 경내에는 근세의 큰 스님인 청담 대사의 사리탑이 있으며, 부도전에는 연꽃 보주형의 월파당탑. 월연당탑. 월암당탑. 삼인당탑. 추앙당탑 등 조선 후기 부도가 자리하고 있다.

160 한국의 사찰문화재 경남1 자료집.문화재청. (재)불교문화재연구소. 2009년

마애부도는 주차장 입구 암반에 사리공 없이 탑명을 새긴 2기 방광탑과, 명문이 훼손되어 식별되지 않은 마애부도 1기가 있다[161]

1) 혜우당 화성지탑

散骨形으로 비신처럼 구획된 바위 중앙에 세로 두 줄로 당호가 있으며, 우측에 작은 글씨로 조성 시기를 음각하였다.

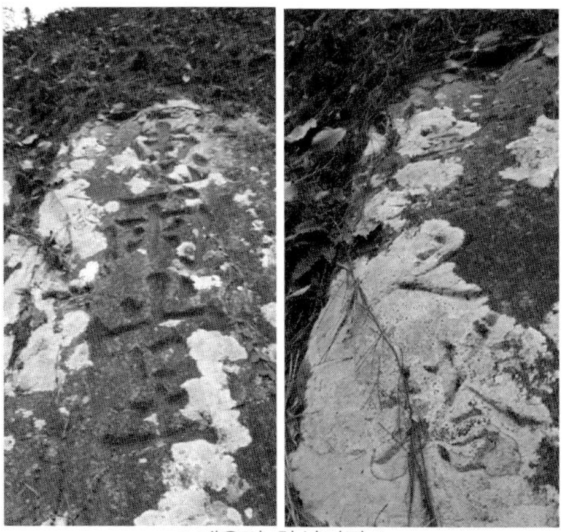

| 혜우당 화성지탑 |

銘文

惠雨堂 華性之塔

(혜우당 화성지탑)

崇禎 紀元後 四 辛酉 五月

(숭정기원후 사 신유 오월)[162]

혜우당 화성스님의 마애방광탑이다. 화성스님은 환갑이 지난 늦은 나이에 출가하여, 산내 암자인 청련암에 머물며 매일 정화수를 떠 놓고 서쪽을 향해 단정히 앉아 일념으로 '나무아미타불'을 염불하였다고 한다. 그러던 중 좌탈입망 상태로 열반에 들었다고 한다.[163] 승정기원후 사신유년은 1861년이다.

161 고성 옥천사 마애방광탑, 임병기(선과), 2018년 (https://12977705.tistory.com)

162 한국의 사찰문화재 경남1, 자료집, 문화재청, (재)불교문화재연구소, 2009년

163 옥천사 홈페이지 http://okcheonsa.or.kr/bbs/content.php?co_id=204020

2) 서봉당 인오 방광탑

散骨形으로 유골을 묻은 후 바위를 비신처럼 깍아 내고 세로로 당호를 새겼다.

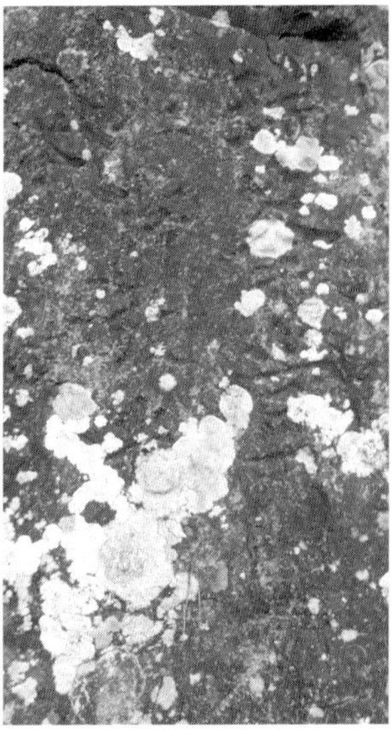

| 서봉당 방광탑 |

銘文

瑞峰堂 仁旿(午) 放光 塔

(서봉당 인오 방광탑)

서봉당 인오 스님의 방광탑으로 행적과 방광 사리탑 조성 배경이 옥천사 홈페이지에 상세하게 실려 있다

"옥천사에 주석하셨던 서봉스님이 병이 있어 대소변을 잘 가리지 못하고, 악취 때문에 대중들은 노스님을 공경하지 않았다.

1879년 10월 대중스님들 꿈속에 노스님이 아미타불을 따라가는 소리를 들었다. 대중들이 스님 방을 가보니 스님은 염불 도중에 입적을 하셨는데, 스님 몸에서 악취는 사라지고 향내가 났다. 다비를 후 많은 사리가 수습되었고, 그 사리에서 사리 방광이 일어났다. 그제야 모든 대중들이 지극 정성으로 염불을 하였다고 한다. 그리고 주차장 옆 천년바위 벽에 방광탑을 새겨 놓았다. 1879년의 일이다."[164]

164 옥천사 홈페이지 http://okcheonsa.or.kr/bbs/content.php?co_id=204020

3) 옥천사 마애부도

혜우당 마애방광탑 위쪽 바위 면에도 마애부도가 있다. 사리공이 없으며, 명문도 훼손되어 육안으로는 구분되지 않는다. 하지만 마애부도는 분명해보이며 탁본 등의 조사를 통해 확인해야 할 것이다.

| 옥천사 마애부도 |

9. 양산 통도사 마애부도

대한불교조계종 제15교구 본사로 法寶 해인사, 僧寶 송광사와 함께 佛寶 사찰이다. 2018년 "산사, 한국의 산지 승원(Sansa, Buddhist Mountain Monasteries in Korea)"이라는 명칭으로 유네스코 세계유산에 등재되었다. 646년(선덕왕 15) 자장율사가 중국 당나라에서 가져온 부처의 사리·가사·대장경 등을 금강계단에 봉안하고 창건한 절이다. 고려 초에 금강계단 등을 크게 확장하였으며, 1379년 월송대사기 중건하였다. 이후 조선시대에 여러 차례 중수되었으나 임진왜란 때 전화를 입었다. 이후 1603년(선조 36) 송운대사에 의해 재건된 뒤, 여러 차례 중건을 거쳐 오늘의 모습을 갖추었다.[165]

165 통도사 홈페이지

| 통도사 부도전 |

통도사의 문화유산은 국보, 보물, 경남유형문화재 등 열거할 수 없을 만큼 많은 성보가 전각과 성보박물관에 전시 중이다. 또한 경상남도 유형문화재인 부도원은 고승들의 탑과 탑비를 봉안한 곳으로 통도사 주변과 산내 암자에 흩어져 있던 것을 1993년 가람을 정비하면서 모두 이건하였다. 부도전에는 승탑과 탑 60여 기, 탑비 및 중수비, 공덕비 등이 있다.

마애부도는 모두 4기로 통도사 매표소 옆으로 이어지는 비포장 무풍한송길이 끝나기 직전 우측 浮屠岩으로 불리는 암반 2곳에 각각 2기가 있다. 4기 모두 감실을 마련하지 않고 당호를 세로로 새긴 散骨形으로 19세기 말에 봉안된 부도로 추정된다.[166]

1) 대운당 봉협 출세탑

대운당 봉협 출세탑과 관허대사병형출세탑이 맞보고 있다. 대운당 봉협탑은 사리공을 마련하지 않고 세로 2줄로 당호만 새겼다.

166 양산 통도사 마애부도. 임병기(선과). 2019년 (https://12977705.tistory.com)

| 대운당 봉협 출세탑 |

銘文

華嚴宗主

(화엄종주)

大雲堂奉冾出世塔

(대운당 봉협 출세탑)

비구 봉협 스님 출세탑이다. 출세는 사리의 이칭으로 서울 봉원사 설담대사 덕민 마애탑을 포함 3기 탑에 그 사례가 있다. 出世는 육도 윤회에서 벗어나 극락에 들었다는 의미로 추정되지만 정확한 내력은 알려지지 않았다.

봉협 스님의 행적은 통도사와 주변 사찰에 소장하고 있는 불화 화기에 증명비구 및 참여 僧으로 여러 번 확인된다.

1849년 통도사에서 조성하여 현재 양산 용화사에 소장 중인 아미타회상도의 화기에 도감으로 기록되어 있다.

阿彌陀會上圖.

畵記 道光二十九年己酉十月日 梁山郡北嶺鷲棲山通度寺華嚴殿 大九品會中 造成奉安于 (중략) 都監 大雲堂奉冾 別座 性千(하략)[167]

1853년. 통도사성보박물관. 화악당태영재사영정에는 화악당의 상좌로 기록되어 있다.

---

167 한국의 사찰문화재. 부산. 울산. 경남 2.자료집. 문화재청.(재)불교문화재연구소. 2010.

影題禪教兩宗大覺登階國一都大禪師主管華岳堂泰榮大禪師之真影

畵記 咸豊三年 癸丑二月日 門契造成 法弟子 弘震 奉琳

上佐 先宇 道洪 戒上佐 定文 奉冶 瑞有 勝允 天醫[168]

1857년. 양산 내원사 아미타도 조성 때 증명 스님이었다

梁山內院寺阿彌陀三尊幀.

大淸咸豊七年丁巳十一月日

證明 聖谷堂愼旻 古鐘堂性澖 大雲堂奉冶[169]

1866년 통도사 안양암 아미타 탱화 및 칠성탱화 조성 시에는 안양암에 주석하며 증명비구로 참여했다. 또한 1868년 양산 내원사 안적암 아미타도, 1869년 범어사 사천왕도 화기에 증명 비구로 등재되어 있다.[170]

봉협 스님은 19세기 중후반 통도사에 주석한 화엄종주이며, 많은 불사에 큰 스님의 역할인 증명 비구이었다. 이러한 사례를 종합하면 마애출세탑은 19세기 후반에 조성되었을 것으로 추정된다.

2) 관허대사 병형 출세탑

대운당 봉협 스님 출세탑과 나란히 맞보고 새긴 사리공이 없는 散骨形 출세탑이다, 세로 한 줄로 당호를 새겼으며, 봉협 스님 출세탑과 글씨체가 같아 동일인의 작품으로 여겨진다.

168 한국의 사찰문화재. 부산. 울산. 경남 2.자료집. 문화재청.(재)불교문화재연구소. 2010.

169 한국의 사찰문화재. 부산. 울산. 경남 2.자료집. 문화재청.(재)불교문화재연구소. 2010.

170 한국의 사찰문화재. 부산. 울산. 경남 2.자료집. 문화재청.(재)불교문화재연구소. 2010.

| 관허대사 병형 출세탑 |

銘文

貫虛大師秉衡出世塔

(관허대사 병형 출세탑)

병형 스님 사리탑으로 출세라는 이칭을 새겼다. 이러한 사례는 서울 봉원사에 3기가 확인된다. 관허대사 병형의 행적은 전하지 않지만, 통도사 전각 중수기에 기록되어 있다. 1863년 통도사 보광전 중수기에 1량을 시주하였다는 기록이 있다.

同治 2년(서기 1863년) 계해년 음력 칠월 열엿새 普雲의 제자 訥菴栽湣(눌암재순)이 기술한다.

通度寺 普光殿 重修記文

同治二年 歲次癸亥 秋七月 哉生魄 普雲門人 訥菴栽湣述

(중략)

山中秩

性月弘震五兩 (중략) 貫虛秉衡 一兩[171]

(하략)

1866년 통도사 안양암 중수 상량문에도 등장한다.

171 한국의 사찰문화재. 부산. 울산. 경남 2.자료집. 문화재청.(재)불교문화재연구소. 2010.

鷲棲山通度寺安養庵重修上樑文.

山中大德秩. 貫虛堂秉衡

大淸同治五年丙寅二月二十五日酉時上梁也[172]

관허대사 병형은 대운대사 봉협 스님과 같이 19세기 중후반에 통도사에 상주한 큰스님이며, 통도사 보광전 중수 등 때 동참하였음을 알 수 있다. 따라서 마애 출세탑도 그 즈음인 19세기 후반에 조성된 탑으로 추정된다.

3) 화엄종주 구봉당 지화대사탑

건운당 마애부도와 나란히 같은 암반에 있다. 사리공 없이 세로 4줄로 당호를 새긴 散骨形 마애부도이다.

| 구봉당 지화대사탑 |

銘文

華嚴宗主 九鳳堂智和大師塔

(화엄종주 구봉당 지화대사탑)

172 한국의 사찰문화재. 부산. 울산. 경남 2.자료집. 문화재청.(재)불교문화재연구소. 2010.

지화 스님의 마애탑이다. 구봉당은 1857년 양산 내원사 아미타불탱, 1858년양산 통도사 관음전 관음탱, 1872년 통도사 금강계단 중수 등 통도사와 주변 사암 불화 화기, 사적비 기문에 이름이 등재되어 있다.[173] 통도사 성보박물관에는 경상남도 유형문화재인 구봉당 지화진영(무인년.1878년)을 전시되어 있다.

| 구봉당 진영 |

양산통도사구봉당지화영탱

梁山通度寺九鳳堂智和影幀

影題：創主禪教兩宗九鳳堂智和大師之真影

戊寅仲春 國子進士金鍾瀅石溪題[174]

구봉당 지화스님은 19세기 중후반 통도사에 주석하였던 스님이다. 특히 1872년 주지로 있으면서 금강계단을 8번째로 중수한 인물이며, 성보박물관에는 1878년에 조성된 영정이 있다. 따라서 마애탑은 19세기 후반에 봉안된 부도임을 알 수 있다.

173 한국의 사찰문화재. 부산. 울산. 경남 2.자료집. 문화재청.(재)불교문화재연구소. 2010.

174 한국의 사찰문화재. 부산. 울산. 경남 2.자료집. 문화재청.(재)불교문화재연구소. 2010.

4) 화엄종주 건운당 대사지탑

구봉당 대사와 같은 바위 중앙에 위치한다. 사리공 없이 세로 3줄로 당호를 새긴 散骨形 마애부도이다.

| 건운당 대사지탑 |

銘文

華嚴宗主建(健)運堂 大師之塔

(화엄종주 건운당 대사지탑)

건운당 대사의 탑이다. 구봉당 대사 마애부도와 같은 바위 중앙에 당호를 새겨, 바위 좌측에 치우쳐 당호를 새긴 1872년 통도사 주지를 역임한 구봉당 대사 보다 앞선 시대의 스님으로 추정된다. 동일 인물 여부는 정확하게 파악되지 않으나, 경상남도 유형문화재로 지정된 1882년 밀양 표충사 아미타 구품탱 조성 화기에 증명 비구로 기록되어 있다.

表忠寺阿彌陀九品幀

光緖八年壬午臘月日 造成 于 密陽府載藥山表忠寺 勝蓮庵九品幀奉安于

本庵 緣化秩 證明 健運善官[175]

건운당 스님은 19세기 후반 표충사를 비롯 통도사 등에 머물렀던 고승으로, 마애탑도 동시대인 19세기 후반에 조성된 것으로 추정된다.

175 한국의 사찰문화재. 부산. 울산. 경남 2.자료집. 문화재청.(재)불교문화재연구소. 2010.

10. 함양 벽송사 마애부도

벽송사는 조계종 제12교구인 해인사의 말사로 신라말경에 창건된후 조선 중종 경진년(1520)에 碧松 智嚴大師가 중창, 벽송사라 하였다고 전한다. 서산대사 淸虛休靜 이전에 한국 선맥을 이어온 碧溪正心과 碧松智嚴, 부용영관 뿐만 아니라 喚醒志安, 瑞龍祥玟 등 조선 선맥을 빛낸 8분의 조사가 수도 정진한 도량이다.

이후 숙종30년(1704) 燒失되었다가 환성지안대사가 중건하였고, 철종 원년(1850)에 서룡당 상민대사가 중수하였으나 1950년 한국전쟁의 전화를 입어 1960년 元應久開스님이 쓰러진 가람을 중건하여 오늘에 이르고 있다.[176]

문화유산으로는 보물로 지정된 벽송사 삼층석탑, 민속자료인 벽송사 목장승, 해인사 성보박물관에 소장 중인 경상남도 유형문화재인 碧松堂智嚴影幀 등의 문화재가 있다. 또한 경내에는 삼층석탑 옆에 군자사지(도마사지)에서 옮겨 온 栗峯堂탑과 당호를 새기지 않은 승탑 2기, 공양간 아래 채마밭 부근에 應允 鏡巖(1743~1803)탑과 南谷堂 탑이 있다. 이들 부도 5기는 조선후기에 조성된 석종형이다.[177]

마애부도 2기는 벽송사로 들어가는 옛길로 추정되는 함양군 마천면 금계마을과 휴천면 동강마을을 잇는 지리산 둘레길 4구간의 의중마을~서암정사 구간에 위치한다.

부휴 선사 禪脈, 경허 스님이 지은 경허집에 실린 瑞龍和尙行狀, 東師列傳 등의 문헌을 검토하면 마애 부도 주인인 서룡당의 제자가 동운 스님이며, 의봉당은 동운 스님의 제자이므로 의봉당은 서룡당의 法孫으로 추정된다.

---

176 함양군청 홈페이지

177 함양 벽송사.임병기(선과). 2020년(https://12977705.tistory.com)

1) 서룡당 유공탑

사리공이 없으며, 단독 바위 하부 碑身形 감실 안에 탑호를 새긴 散骨形이다. 塔號인 '有功' 刻字는 마치 벽송사를 중건한 有功이 있어 세운 비석으로 착각하기 쉬울 것 같다. 하지만 頌詩를 새긴 碑가 아니라 塔이 분명하다. 하동 칠불암의 栢庵性聰(1631~1700)의 탑호 栢庵石龕塔과 비교하면 서룡당 탑호도 이상할 것이 없다고 하겠다.

| 서룡당 유공탑 |

銘文

瑞龍堂 有功塔

(서룡당 유공탑)

1850년 벽송사를 중창한 스님으로 부휴 스님의 11세손이다. 명문을 깊게 새겨 육안으로 확인 가능하며, 입적(1890년) 시기를 고려하면 19세기 말~20세기 초에 조성된 마애부도로 추정되지만 명문이 없어 단정 지을 수는 없다.

瑞龍祥玟(1814년 ~ 1890년)[178]

광산김씨. 호는 瑞龍. 서울 출신. 율곡 이이의 제자 사계 김장생의 8세손이다. 17세에 종로에서 官人이 사형당하는 것을 보고 세속의 명리가 큰 걱정거리가 됨을 깨닫고, 경기도 안성 청룡사로 출가하여 影月의 제자가 되었다. 19세에 지리산 안국사 龍岳의 講席을 통하여 불경을 배운 뒤 龍巖에게 禪을 배웠으며, 聖典의 法脈을 이어받았다. 그 뒤 碧松庵에 머물면서 암자를 중창하였다.

178 한국민족문화대백과사전

그러나 자기 본래 면목을 밝히지 못하였음을 깨닫고 지리산 칠불암에 가서 수년 동안 좌선하여 悟道하였다.

1889년 12월 27일 병을 얻어 29일 열반에 들려고 하자 대중이 과세불공으로 걱정하였다. 그는 "내가 60년 중노릇을 하였는데 세상을 떠날 때에 어찌 佛事를 방해하겠는가?"하고 연기하였다. 다시 새해 초이틀 또 열반하려 하자 대중이 또 七星齋로 걱정을 하였으므로 다시 연기하였으며, 4일 巳時에 대중으로부터 불사가 없음을 확인한 뒤 모든 것을 부촉하고 조용히 입적하였다. 그는 浮休善修- 碧巖覺性- 暮雲震言-葆光圓旻-晦庵定慧-寒巖性眼-秋坡弘宥에서 鏡巖- 中庵-聖典으로 이어지는 부휴계의 법맥을 이었다.
대표적인 제자로는 嶺雲 · 東雲 등이 있다.

한편, 근세의 큰 스님인 경허선사가 지은 경허집에 서룡당 행장이 실려 있다. 내용은 아래와 같다.

瑞龍和尙行狀[179]

고덕이 "불법이 멸망할까 걱정하지 않는다." 하였는데 나는 도리어 멸망할까 걱정한다. 걱정하지 않는 것도 까닭이 있고 걱정하는 것도 까닭이 있다. 비록 본래 멸망하지 않는 이치가 있으나, 계 · 정 · 혜 삼학을 익히고 닦지 않으면, 이른바 멸망하지 않는 것을 반드시 멸망하지 않도록 보호할 수 있다고 장담할 수 없다.

지금 청산 기슭에 고니와 학처럼 늘어서 있는 것들은 모두 부도이고, 사찰의 누각에 비단 화폭에다 그려 놓은 것은 모두 影幀인데, 이것들 모두 반드시 그렇게 할 만하여 부도를 세우고 영탱을 그렸던 것은 아니다. 그러나 행장은 그렇지 않아 행장을 쓸 만하지 않은 사람의 경우에는 행장을 쓰지 않으니, 삼학의 도를 닦지 않은 자에 대해서는 행장을 써서는 안 된다.

179 鏡虛集, 불교학술원 아카이브

나는 본래 재주는 없고 성품은 게을러 문장을 짓지 않은 지가 오래이다. 그러나 때로는 사람들의 부탁에 끌려 마지못해 글을 짓기도 하였으니, 그렇게 한 것이 적지 않았다. 매양 행장을 지을 때마다 붓을 멈추고 감회에 잠기지 않은 적이 없었다.

대저 출가한 사람이 三學을 닦지 않으면 道業을 이루지 못하고, 도업을 이루지 못하면 지을 행장이 없다. 지을 행장이 없는 것은 애석하지 않으나 도업을 이루지 못한 것은 애석하니, 도업을 이루지 못하면 부처님의 慧命을 이을 수 없기 때문이다. 삼학이 강령이 되어서 불법이 멸망하지 않는 것이 진실로 이와 같거늘 오늘날 사문들은 이 삼학을 닦지 않으니, 개탄할 일이다.

삼가 行錄을 살펴보건대 화상은, 속성은 김씨이고 본관은 光山이며 휘諱는 詳玟이고 瑞龍은 법호이다. 春澤公이 증조이니, 沙溪先生에게 8대손이 된다 화상은 인종仁宗(청나라 황제) 嘉慶 19년 갑술년(1814)에 경성에서 태어났다. 어릴 때부터 용모가 맑고 인품이 순수하였다. 17세 때 종로를 걸어가다가 벼슬아치가 처형되는 것을 보고 문득 세상의 명리가 우환거리임을 알고 싫어져서 무상을 느끼고 경기도 안성 청룡사 影月長老에게 의탁하여 삭발하고 계를 받았다. 나이 19세에 이르러 명산을 탐방할 뜻을 가지고 지리산에 들어갔다. 당시 龍岳長老가 안국사에서 강석을 크게 열고 있었기에 스님은 그 문하에 들어가 수학하여 학문이 점차 진보하였고, 다음으로 龍巖和尙에게 參問하여 지견이 열렸다.

27세 때에는 騎羊聖典 장로에게 입실하여 道名이 높아졌다. 성전 장로의 유촉을 받고 벽송암에 주석하였고, 암자가 퇴락하자 화상이 중수하여 면모를 일신하였으며, 常住物을 아끼고 사우를 중흥하였다. 그리고 화상은 자기 본분사를 밝히지 못함을 염려하여 七佛庵에서 몇 해 동안 면벽하였으니, 화상의 높은 식견으로 응당 깊은 禪旨를 얻었을 터이나 도가 같은 이가 아니면 알 수 없다.

光緖(청나라 德宗의 연호) 16년(1890) 경인년 섣달 27일에 화상은 작은 병을 얻어서 29일에 이르러 열반에 들려고 하였다. 이때 대중이 선달그믐의 過歲佛供을 걱정하니, 화상은 "내가 중이 된 지 60년인데 세상을 떠날 때 어찌 삼보의 일에 방해될 수 있겠는가. 걱정하지 말라." 하였다. 시일을 끌어서 그 이듬해 정월 초이튿날에 이르러 화상이 또 열반에 들고자 할 때 대중이 또 七星祭를 지낼 일을 걱정하니, 화상이 또 전과 같이 말하고 시일을 끌어서 4일 사시에 이르러 대중에게 묻기를, "오늘 가도 방해될 일이 없겠느냐?" 하였다. 대중이 그렇다고 하자 부촉하는 말을 마치고는 대중에게 경을 외고 염불하게 하고 奄然히 열반에 들었다.

경에 "波羅提木叉로 스승을 삼으라." 하였고, 또 "시방제불이 모두 계정혜에 의지하여 열반에 든다." 하였다. 화상은 평소 계를 지켜 부지런히 노력하고 늘 조심하여 그 인품은 옥처럼 맑고 순수하였고, 학식이 넉넉하였으며, 입적할 때 수명을 자유로이 연장하였으니, 수명을 자유로이 연장할 수 있었던 것은 정력定力이 아니면 불가능하다. 옛날에 삼학을 정밀히 닦아서 도업을 성취한 이일지라도 이보다 더 낫지는 않을 것이다.

내가 회상해 보니 매우 어릴 때 벽송암에서 겨울 한 철을 지낸 적이 있었는데, 당시 화상을 보니 맑고 엄숙한 그 법맥을 거슬러 올라가 보면, 晦庵은 寒庵에게 전수하고, 한암은 秋波에게 전수하고, 추파는 鏡庵에게 전수하고, 경암은 中庵에게 전수하고, 중암은 騎羊에게 전수하였으며, 회암은 葆光의 법을 잇고, 보광은 慕雲의 법을 잇고, 모운은 碧庵의 법을 잇고, 벽암은 浮休의 법을 잇고, 부휴는 芙蓉의 법을 이었으니, 화상은 부용에게 11대손이 된다. 향년은 78세요 법랍은 60세이다. 法門의 동량이 꺾였으니 총림이 모두 불법의 운수가 否塞함을 슬퍼하였다.

내가 光武 4년(1900) 겨울에 화전花田(남해의 옛 이름) 용문사에 들렀더니, 虎隱長老가 화상이 時順동안에 道行이 탁월했음을 크게 칭찬해 말하면서 나에게 행적을 후세에 길이 전하도록 행장을 써 주길 청하기에 내가 문장에 능하지 못하다는 이유로 사양하였다. 그리고 수십 일 뒤 벽송암에 들렀더니,

嶺雲 · 東雲 두 고덕이 있었으니, 바로 화상의 제자들이다. 이 두 분이 또 先師를 위해 행장을 써 주길 부탁하며 그 청이 더욱 간곡하였다.

내가 회상해 보니 매우 어릴 때 벽송암에서 겨울 한 철을 지낸 적이 있었는데, 당시 화상을 보니 맑고 엄숙한 道氣가 충만하여 밖으로 발산하였다. 그러나 나는 당시 나이가 어리고 식견이 적어 법문을 들어 마음의 티끌을 씻지 못했으니, 여한이 어찌 끝이 있겠는가!

이제 나이 55세라, 머리털은 세고 얼굴엔 주름이 졌건만 불법에는 깨우친 게 없어 두 가지 이익을 다 잃었다. 아, 탄식하는 마음을 이루 말할 수 있겠는가. 나는 화상의 도덕에 대해 크게 흠모하는 마음이 있는 데다 두 고덕이 지성으로 청하고 호은 장로가 부탁하신 터라, 굳이 사양할 수 없어 문장이 서툰 것도 헤아리지 않고, 이상과 같이 대략 쓰면서 때때로 붓을 멈추고 감회에 잠기기를 재삼 마지않았다

2) 의봉당 영골탑

| 의봉당 영골탑 |

서룡당 유공탑과 인접한 바위에 있다. 마애부도 반대편 면에는 나무아미타불을 중심으로 좌측에는 대세지보살, 우측에는 관음보살, 대세지보살 측면 바위 면에는 지장보살 명문을 새겨 극락전 불단을 연상케 한다. 장방형 받침대 위에 위패처럼 새기고 상부를 둥글게 치석하였다. 마애부도는 位牌形으로 암벽을 깊게 파내어 탑호를 새겼으며, 하부에 사리공이 있었으나 시멘트로 막았다.

세운 날짜는 새기지 않았다. 부도의 별칭인 靈骨은 단양 기봉당 궤운대사의 마애부도와 더불어 우리나라에 2기밖에 없는 塔號이다.

銘文

義峯堂 靈骨塔

(의봉당 영골탑)

의봉 스님의 행적은 상세하게 확인되지 않는다. 다만 1890년 열반에 든 法祖인 瑞龍和尙行狀과 동사열전 기록을 통해 19세기 말에 출생하여 20세기 초, 중반에 입적한 스님으로 짐작된다. 따라서 마애부도는 20세기 중반 이전에 세웠을 것으로 추정된다.

霽峰禪伯傳

스님의 법명은 雲峯이고 호는 霽峰이며, 또 다른 칭호로는 霽山雲史라고도 하는데, 본래는 영남 지방에서 출생한 사람이다.(중략) 스승은 九潭展鵬 스님이고 할아버지는 義峰有英 스님이며, 증조는 東雲 스님이고 5대조는 靈珠 스님이며, 6대조는 松溪 스님이고 7대조는 大岩 스님이며, 8대조는 龍岩 스님이고 9대조는 喚醒 스님이다.[180]

동사열전 기록에 의하면 의봉 스님은 법호가 義峯이며, 諱가 有英이다. 雲峯의 증조부 東雲 스님이 벽송사의 또 다른 마애부도 주인인 瑞龍祥玟 스님의 제자이므로 義峯 스님은 서룡 스님의 法孫이다.

180 東師列傳 第四. 불교학술원 아카이브

11. 밀양 표충사 효봉대종사 사리탑

| 표충사 효봉대종사 사리탑 |

표충사는 654년 원효대사가 竹林寺로 창건하였다. 829년 흥덕왕 때 靈井寺로 사명을 바꾸었다. 고려 문종 때 혜린이 수도했고, 1286년 충렬왕이 동방제일선찰이라는 편액을 내렸다.

1839년(헌종 5) 사명대사의 法孫인 月坡선사가 임진왜란 때 승명으로 활약한 사명대사를 모신 표충사를 옮겨 오면서 절 이름도 표충사로 바뀌었다. 1926년 화재로 소실된 사찰을 재건하여 오늘에 이르고 있다.[181]

소장하고 있는 문화유산은 국보인 청동은입사 향완, 보물인 삼층석탑, 석등 등이 있으며, 대웅전 외 여러 성보가 경상남도 유형문화재로 지정되어 있다. 효봉대사 마애탑은 우운당. 태허당. 보감당. 세심당. 월암당 등 조선 후기에 조성된 부도가 있는 부도전 맨 앞에 있다.

181 다음 백과사전

근세의 큰스님 효봉의 사리탑이다. 석탑 기단처럼 보이는 다듬지 않은 큰 자연석이 散骨處로 추정되며, 위에 당호를 음각한 돌을 비석처럼 세웠다. 효봉의 탑은 순천 송광사. 통영 미래사에도 탑비와 부도가 봉안되어 있다.

| 효봉대종사 사리탑 |

銘文

曉峰大宗師舍利塔

(효봉대종사 사리탑)

효봉(1888년~1966년) 평양고등보통학교를 마치고 일본 와세다대학에서 법학을 전공했다. 26세에 귀국하여 한국 사람으로서는 최초로 판사가 되었다.

그러나 1923년 피고에게 사형판결을 내리게 되자 심한 죄책감과 회의에 사로잡혀 판사직을 그만두었다. 1925년 금강산 신계사에서 石頭에게 계를 받고 38세에 출가했다. 1937년 이후 10년간 송광사에서 수행하고 많은 승려에게 定慧雙修에 대한 구도관을 열어주었다. 1946년 종합수도원인 가야총림 방장으로 추대되었고, 이후 미래사를 창건했다. 1957년 조계종 종무원장과 종정 취임, 1962년 통합조계종단 초대 종정 추대 등 후학의 지도와 정화불사운동에 전념했다. 1966년 표충사 서래각에서 열반에 들었다.[182]

사리탑은 1966년 입적 후 세웠으며, 옆의 탑비명은 天眞寶塔碑이다. 천진보탑은 탑처럼 생긴 자연바위를 뜻한다.

---

182 다음 백과사전

실제로 계룡산 갑사 신흥암에는 충청남도 문화재 자료로 지정된 진신사리가 봉안된 천진보탑이 있다,

또한, 천진보탑을 탑명으로 쓴 마애탑은 금산 개덕사 진산당 부도에서도 찾을 수 있다. 마애부도에서 탑비를 별도로 세운 사례는 2022년에 조성한 가평 백련사 관조당 탑비와 효봉대종사 탑비에만 있다.

| 효봉대종사 천진보탑비 |

10장

최송설당 마애각자

崔松雪堂

1855년(철종6)경북 김천 출생, 영친왕의 보모이며, 고종황제가 이름을 지은 준 것으로 전한다. 여류 문인이며, 일제강점기 때 전국의 많은 사찰 불사에 시주하였다. 1931년 김천 중고등학교를 설립하였고, 1939년 재산 하나 남기지 않고 모두 송설교육재단에 희사하고 떠났다.

최송설당 마애각자

마애부도를 조사하거나 답사하는 도중에 최송설당 마애각자를 여러 곳에서 접할 수 있다. 경기도 고양 북한산, 충남 보은 법주사, 법주사 복천암, 경북 김천 청암사, 경남 창원 성주사, 경남 창녕 도성암 등 주로 사찰 입구에 가로, 세로로 새겨져 있다. 마애 각자는 동일 인물의 글씨체로 추정되지만 창녕 도성암을 제외하고는 누구 글씨인지 알려지지 않고 있다.

송설당 마애각자는 주로 경남에 두루 분포하고 있는 유골을 큰 바위 주변에 매장하거나 뿌리고 큰 글씨를 새긴 이른바 散骨形 마애부도와 동일한 유형이다. 하지만 경북 김천에서 생을 마치고 장례를 치룬 후 안장한 무덤이 있기 때문에 마애부도가 아닌 것을 알 수 있다.

최송설당(崔松雪堂)[183]

1855년(철종 6) 8월 29일 김산군(현 김천시)에서 아버지 최창환과 어머니 정옥경 사이에 세 딸 중 장녀로 태어났다. 그녀의 본 이름은 알 수가 없고, 1912년에 처음 작성된 호적에도 '최송설당(崔松雪堂)'이라고 적혀 있다. 송설당이란 이름은 고종 황제가 지어준 것으로 전해지기도 한다.

송설당의 증조부 최봉관은 홍경래의 반란을 진압하는 임무를 맡았다. 그런데 최봉관의 외가 강릉 유씨가 오히려 난군에 가담하였고, 더구나 최봉관 자신 또한 평안도 선천군이 반군에 의해 함락될 때 이에 항전하지 않았다는 죄목으로 체포되어 옥사하였고, 그의 맏아들 최상문을 비롯한 4형제는 전라도 고부로 유배되었다. 그리하여 역적의 집안으로 몰락해 버린 것이다. 최상문의 아들인 최창환은 아버지 최상문이 1847년에 사망하자, 고부에서 김천으로 이주하였다.

183 디지털 김천문화대전

아버지로부터 한학과 한글을 배운 송설당은 동학란을 피해 상경하여 서울 적선동에 자리 잡았다. 송설당이 서울 봉원사에 드나들며 엄상궁의 여동생과 가까웠는데, 엄상궁의 회임 소식을 들은 송설당이 왕자를 점지해 달라고 백일기도를 올렸으며, 이러한 그녀의 정성이 엄상궁의 귀에까지 들어갔다.

영친왕이 태어나자마자 송설당은 궁으로 입궐하여 영친왕 이은(李垠)의 보모가 되었다. 영친왕이 일본으로 끌려간 1907년 송설당도 궁궐에서 나왔다. 그녀가 궁궐에 머물렀던 10여 년 동안 역적으로 몰렸던 증조부와 조부가 신원되었고, 사회경제적인 위상이 완전히 바뀐 것이다. 즉 1901년 11월에 고종 황제가 沒籍의 복권을 내려준 것이다. 또한 송설당은 養弟 崔光翼을 영릉 참봉으로 만들었고, 뒤에 정3품으로 승격시켰다. 게다가 종형제 최한익과 최해익도 6품 관직에 올랐다. 1912년 9월에는 최광익의 둘째 아들 최석두를 입양하여 양자를 맞아들였다.

1907년에 영친왕궁 소속 토지와 문서가 경선궁으로 이관되었다가 다시 동궁으로 이관되는 변화가 있기도 하였다. 일제가 황실 재산을 국유 재산으로 정리하여 황실의 재정적 기초를 해체시키려 드는 과정에서 이에 맞서는 저항도 만만치 않았던 것이다. 이 틈바구니에서 엄비는 경선궁과 영친왕궁 소유 토지를 교육 사업에 투입하기도 했지만, 다른 용도로 변경시키기도 하였다. 이러한 정황이 송설당의 토지 소유와 관련이 있었던 것으로 추정된다.

송설당이 소유한 토지는 김천을 비롯하여 대전 지역, 그리고 멀리 경상남도의 창원과 김해 지역 등 전국적으로 산재하였다. 송설당은 독실한 불교 신자로, 전국 사찰에 시주를 많이 하였다. 특히 서울로 올라온 뒤 강남의 봉은사에 다니던 중 엄비의 동생과 만나면서 궁궐로 들어가는 계기가 마련되었다. 송설당의 불심은 상당히 깊었다. 심지어는 1930년 2월에 김천고등보통학교

설립 계획을 확정하면서 작성한 계약서에, 자신이 죽으면 장례를 불교식으로 치르고, 시신을 화장하여 석함에 안치하여 미리 만들어 둔 묘소에 안장할 것이며, 정걸재(貞傑齋) 대청에 불상을 봉안하라는 내용을 넣었다.

송설당은 1911~1912년에 전국 30개 본산(本山) 사찰에 많은 금액을 시주하였다. 그런 까닭으로 법주사. 청암사. 도성암. 성주사 등의 사찰 입구에 비석과 석각을 새겨 송설당을 기리고 있다.

만 65세가 되던 1919년에 송설당은 김천시 부곡동 뒷동산 고성산록에 '정걸재'를 지었다. 그 다음해, 즉 1920년에 정걸재 바로 뒤편에 자신이 묻힐 가묘(假墓)를 설치함으로써 일생을 마무리하는 수순을 일단 마친 셈이었다. 이에 더해 1922년 12월 1일에 3권 3책으로 松雪堂集을 발간하였다. 1931년 송설당이 전 재산을 희사하여 설립한 '재단법인 송설당교육재단'이 인가를 받아, 김천고등보통학교(현 김천중고등학교) 설립이 조선총독부 학무국에 의해 정식으로 승인되었다.

송설당은 1939년 6월 16일 재산 하나 남기지 않고 모두 송설교육재단에 희사하고 떠났다. 무덤은 그녀가 만년을 보냈던 송정 정걸재 뒤편에 마련하였다.

1. 고양 북한산 마애각자

북한산 부왕(황)사지 인근 등산로에 위치한 큰 바위 상단에 가로로 새겨져 있다. 송설당이 부왕사와 인근 사찰 운영에 어떤 도움을 주었는지 기록을 찾지 못했다.

| 북한산 최송설당 |

銘文

崔松雪堂

(최송설당)

大正 乙卯 書

(대정 을묘 서)

第 光翼

(제 광익)

대정 을묘년은 1915년이며, 최송설당 각자 아래에 새겨진 崔光翼은 그녀의 養弟이다. 송설당은 홍경래의란으로 몰락한 집안이 신원되면서 최광익을 영릉 참봉으로 만들었고, 뒤에 정 3품으로 승격시켰다. 또한 그의 둘째 아들 최석두를 양자로 삼았다.

2. 보은 법주사 마애각자

대한불교조계종 제5교구본사. 553년(진흥왕 14)에 義信 조사가 창건했다고 전합니다. 경내에는 국보로 지정된 쌍사자 석등. 팔상전, 석연지와 보물, 유형문화재 등 일일이 열거할 수 없을 만큼 많은 성보가 있다. 마애 각자는 일주문 직전 우측 암반에 세로로 새겨져 있다.

| 법주사 최송설당 |

銘文

崔松雪堂

(최송설당)

누구 글씨인지 알 수 없으며, 조성시기도 새기지 않았다. 다만 최송설당이 전국 30개 본산 사찰에 큰 시주를 하였다는 1911년~1912년으로 추정될 뿐이다.

3. 보은 법주사 복천암 마애각자

복천암은 법주사 산내암자로 경내에는 수임화상탑과 학조등곡화상탑이 보물로 지정되어 있으며, 지방 유형문화재인 목조아미타삼존불상 등 많은 성보를 소장하고 있다.

마애각자는 복천암 우측 암반 상단에 가로로 새겨져 있다. 법주사 마애각자처럼 누구의 글씨인지 전하지 않으며, 조성시기도 새기지 않았다

| 복천암 최송설당 |

銘文
崔松雪堂
(최송설당)

4. 김천 청암사 마애비

대한불교조계종 제8교구본사 직지사 말사. 859년 통일신라시대 도선국사가 창건한 사찰이다. 이후 많은 중창을 거듭하였으며 1987년 청암사비구니승가대학을 설립하여 많은 학승을 배출하고 있다. 마애비는 청암사 일주문 못 미쳐 있다. 바위 면을 치석하여 비신을 조성하고 세로 4줄로 명문을 새겼다.

| 대시주비 |

銘文
大施主
(대시주)
崔松雪堂
(최송설당)
庚申 暮春
(경신 모춘)
住持 金大雲
(주지 김대운)

경신년은 송설당의 생몰시기(1855년~1839년)를 고려하면 1920년이다. 청암사 홈페이지에 의하면 1911년 9월 21일 밤 원인모를 화재로 전각이 모두 소실되었으며, 大雲丙澤조사가 그 다음 해인 1912년 봄에 현존하는 전각 대웅전과 육화료•진영각을 신축하였다. 이때를 전후하여 많은 시주를 한 송설당의 공을 기려 대시주비를 새긴 것으로 추정된다.

5. 김천 청암사 마애각자

청암사 입구 牛鼻泉 맞은편 암반에 세로로 새겨져 있다. 마애시주비와 동시대에 조성된 글자로 추정된다.

牛鼻泉은 소가 누운 와우형국에 자리한 청암사의 소코에 해당되는 곳으로 이곳에 샘물이 나오면 청암사와 산 아래 김천 증산면이 부유해진다는 속설이 있다. 그런 연유로 재물에 초연해야 하는 스님들은 샘물을 보지 않기 위해 부채로 얼굴을 가리고 이곳을 지나간다고 한다.

| 청암사 최송설당 |

銘文

崔松雪堂

(최송설당)

6. 창녕 도성암 마애각자

대한불교조계종 제15교구본사 통도사 말사. 신라의 고승 지월선사가 810년에 창건하였다고 전한다. 경내에는 경남유형문화재인 17세기 후반에 제작된 석조아미타여래좌상이 있다.

마애각자는 도성암 초입에 있는 바위에 비신을 구획하고 세로로 새겼다. 이곳은 명성황후의 진혼굿을 올렸던 장소로 지역 주민들에게 구전되고 있다. 따라서 송설당이 진혼굿에 필요한 경비를 도성암에 시주하였을 것으로 추정해 볼 수 있다.

| 도성암 최송설당 |

銘文

崔松雪堂

(최송설당)

OOOO 乙卯 春 李東魯

(OOOO 을묘 이동로)

확인되지 않은 글씨는 인위적으로 훼손된 것으로 미루어 일본 연호를 새긴 것으로 추정된다. 마애각자는 송설당의 생몰년(1855년~1963년)을 고려하면 을묘는 1915년이다.

글씨를 쓴 사람으로 추측되는 이동로에 대한 정보는 찾지 못했다.

7. 창원 성주사 마애비

대한불교조계종 제14교구 본사인 범어사의 말사이다. 835년(흥덕왕 10) 국사 無染이 창건하였다. 국가 지정 보물인 목조석가여래삼존, 감로왕도와 경남 유형문화재인 삼층석탑, 석조관음보살입상, 석조석가십육나한상, 석조지장시왕상 등 많은 성보를 소유하고 있다.

마애비는 일주문에서 경내로 들어가는 옛길 입구 좌측 바위에 장방형 비신을 조각하고 글씨를 새겼다.

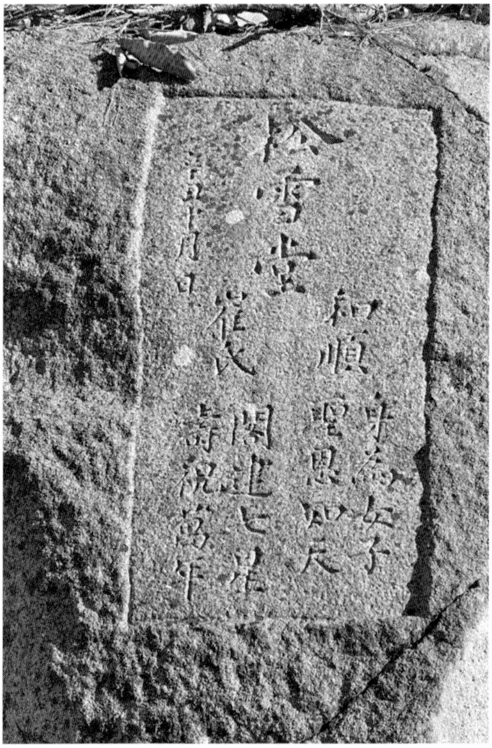

| 송설당 마애비 |

松雪當
(송설당)
和順 崔氏
(화순 최씨)
身爲女子
(신위 여자)
聖恩如天
(성은 여천)
閣建七星
(각건칠성)
壽祝萬年
(수축만년)
辛丑 十月 日
(신축 십월 일)

비록 몸은 여자로 태어났지만
(성주사에 베푼) 그 은혜는 하늘만큼 높습니다.
(수명을 관장하는) 칠성각을 세웠으니
오래오래 살기를 축원합니다.

신축년은 송설당의 생몰시기(1855년~1839년)를 고려하면 1901년이다. 송설당 마애 비 위편에 새겨진 李瑢教는 창원, 김해, 진주 군수를 역임한 송설당의 남편으로 알려진 인물로 추정된다.

맺음말

18세기에 조성된 마애부도는 1702년 의령 백련사 각월당 부도, 1783년 안양 염불사의 현진당 법홍거사 부도, 1796년 불성사 각연선사 부도, 1797년 부산 금정산 동곡당과 무운당 부도가 있다. 이후 18~20세기에 집중적으로 나타나며, 2010년대에 조성된 부산 태호당 부도, 2022년 10월 24일 봉안한 가평 관조당 부도 까지 총 82기로 파악된다.

새로운 양식의 마애부도가 등장한 배경에는 궁핍한 사찰 살림살이, 조성의 용이함, 비용 절감 등의 내부적인 요인에 조선 후기의 혼란한 정세, 일제강점기라는 사회적 환경도 작용했을 것이다. 무엇보다도 유교를 국시로 표방했던 조선이었지만 임진왜란, 정유재란 이후 승병으로 활동했던 승려들의 신분 상승으로 비구, 비구니의 부도가 우후죽순처럼 세워진 영향도 있다.

그리고 상궁, 궁궐에서 물러난 궁녀, 재가 여자신도도 재력을 바탕으로 사찰 운영에 적극 참여하면서 사후 부도를 조성하게 된다. 특히 서울 봉원사 5기, 남양사 불암사 8기, 안양 염불사 3기 등 특정 사찰에 많은 마애부도가 봉안된 사례로 미루어 면면히 이어오는 사찰계원들의 부도 가능성도 없지 않겠다.

마애부도는 이전의 팔각원당형, 석종형, 원구형 등의 유형과는 다른 형태로 조성된다. 사리공 모습에 따라 비신형, 위패형으로 구분되고. 명문이 없고 사리공만 있는 감실형, 사리공 없이 다비 후 유골을 매장하거나 뿌리고 명문만 음각한 산골형으로 대별된다.

부도 명칭으로는 사리, 부도, 탑 등의 일반적인 이름 외에도 영주, 영적, 출세, 정골, 방광탑 등으로 다양하게 표현하였다. 특히 영주는 화엄사 비구니 순홍 외에 수도권에만 보인다,

출세탑은 남양주 불암사의 청신녀 정심(1812년), 청신녀 덕원의 당호를 시작으로 19세기 후반 통도사 대운당 봉협, 관허대사 병형, 서울 봉원사의 설담대사, 청신사 이각초, 상궁 준법화, 1893년에 봉안된 청신녀 수천화 마애부도에 별칭으로 새겼다.

부산 범어사 승탑원, 범어사 원효암 승탑원, 산청 대원사 승탑원의 부도, 고성 옥천사, 산청 대원사, 하동 쌍계사 마애부도에는 방광탑을 별칭으로 조성하였다. 이러한 사례는 특정 지역을 중심으로 활동하는 계파 소속의 장인 작품임을 추정케 한다.

함양 벽송사 서룡당 탑호는 유공탑으로 그 의미가 흥미롭다. 순천 선암사 성윤수좌 부도는 전면에 당호 후면에 사리공을 조성한 사례이며, 합천 해인사 원당암의 인파당 부도는 전면에 당호, 후면에 사리공 없이 석종을 선각하였다.

그리고 마애부도에도 분사리 부도가 있다. 즉 안양 반월암의 서영당 추씨 OO, 구리 아차산의 서영당 신사 민홍은 같은 인물로 추정되며, 안양 염불사 부도전의 신사 서영당 지홍부도도 동인인일 가능성이 높아 보인다. 또한 구례 화엄사 부도전의 비구니 순홍의 마애부도와 석종형 부도는 분사리 가능성이 높다 하겠다.

근, 현대에 조성된 남양주 불암사의 안진호 대선사, 만허당 상균, 구리 이보리성 부도는 간단한 이력을, 마애부도 옆에 탑을 세운 표충사 효봉대종사는 생애를 알 수 있다. 마찬가지로 고부조의 석종형인 부산 태호당 마애부도와 카메라 렌즈를 형상화한 가평 백련사 관조당 부도는 21세기 이후에 봉안되는 부도의 새로운 패러다임으로 자리 잡을 수 있을 것이다.

| 의령 백련사 |

2편. 마애탑

머리말

마애탑은 목탑, 전탑, 모전석탑, 석탑과 다르게 바위, 암벽에 새긴 탑을 칭한다. 필자가 답사한 기준으로 우리나라에는 경주 지역을 중심으로 분포되어 있으며 전국에는 16기의[184] 마애탑이 남아 있다. 7세기로 추정되는 봉화 북지리 마애 삼층탑을 시원으로 9세기 통일신라시대에 대부분 조성되었다.
이후에도 고려시대의 하동 금오산 마애구층탑, 조선시대의 평창 오대산 상원사 적멸보궁 탑비의 마애삼층탑, 용인 옛돌박물관의 문석인에 새겨진 마애삼층탑, 법주사 상고암 마애 북방 다문천왕이 지물로 든 삼층탑이 있다. 2000년대에 들어서서도 안동 고심사의 고심거사 석주형 부도에 월정사 진신사리 탑비를 모방한 삼층탑이 새겨져 있다.[185]

마애탑도 석탑의 전개 과정처럼 초기에는 목탑형으로 출발하여 시간이 지남에 따라 기단 갑석의 부연, 탑신석의 우주, 옥개석의 층급받침, 탑신 굄, 상륜부 등을 표현한 석탑 형태로 바뀌게 된다. 일반적으로 탑에는 부처의 진신사리, 법사리 등을 안치하지만 마애탑은 겨우 남산 탑곡, 경주 표암처럼 불보살상, 전각, 당간지주와 함께 새긴 사례가 많다. 그것은 진신사리 봉안의 본래 목적보다 佛家의 특별한 의례 장면을 간략하게 묘사한 도상으로 추정된다. 여기서는 본문의 마애부도와 관련하여 필자가 답사한 마애탑을 소개하였으며, 암벽에 새긴 탑을 비롯하여 마애탑은 아니지만 탑상문전, 석불 광배, 석불 대좌, 부도, 조선시대 문인석 등에 등장하는 탑도 포함시켜 살펴보았다. 하지만 학자, 전공자의 관점이 아니라 답사객의 시선이어서 심도 있는 분석보다는 분포 현황을 소개한 글이다.

---

184 우리나라의 마애탑. 임병기(선과).
(https://12977705.tistory.com)

185 상원사 적멸보궁 탑비의 탑, 옛돌박물관 문석인의 탑, 안동 고심거사 부도의 탑은 마애탑이 아니지만 포함하였다.

따라서 디테일한 양식 변화의 세부적인 전개 과정, 조성시기, 특징의 비교, 등등은 구체적으로 기술할 수 없었다. 다만 문화유산 답사를 즐기는 사람들에게 안내서가 되었으면 좋겠다.

마애탑 분포 현황(표15)[186]

순	장	명 칭	분 류	비 고
1	경주 남산	탑곡 마애불상군 마애구층탑	목탑형	
2		탑곡 마애불상군 마애칠층탑	목탑형	
3		탑곡 1사지 마애조상군 마애오층탑	목탑형	
4	경주 백률사	백률사 마애삼층탑	석탑형	
5		백률사 사방석주 마애탑	석탑형	동국대(경주)
6	경주 표암	표암 마애삼층탑	목탑형	
7	경주 근계리	근계리 마애삼층탑	석탑형	석불대좌
8	경주 안계리	안계리 마애삼층탑	목탑형	석불광배
9	봉화 지림사	북지리 마애삼층탑	목탑형	
10	청도 불령사	불령사 마애삼층탑	석탑형	탑상문전
11	대구 읍내리	칠곡 읍내리 마애불상군 마애구층탑	석탑형	
12	하동 금오산	금오산 마애구층탑	석탑형	
13	평창 상원사	상원사 적멸보궁 마애오층탑	석탑형	사리탑비
14	안동 고심사	고심거사 부도 마애오층탑	석탑형	부도
15	용인 옛돌박물관	문석인 마애삼층탑	석탑형	문석인
16	법주사 상고암	마애 북방다문천왕 마애삼층석탑	석탑형	지물

*백률사 사방석주는 서울 동국대, 국립 경주 박물관에도 각각 1주가 있으나 1기로 집계하였다.[187]

186 182)건국대 석주선 박물관, 통도사 박물관, 국립경주박물관, 부산시립박물관에도 탑상문전이 있으나 포함하지 않았다.

187 오호석. 신라시대 마애탑에 대한 고찰. 한국고대사탑구회. 2012년

마애탑

1~2. 경주 남산 탑곡 마애불상군 마애칠층탑, 마애구층탑

경주 남산 탑곡에 위치한 큰 바위 네 면에 많은 불보살상과 더불어 조성된 목탑형 마애탑이다. 마애칠층탑은 마애구층탑과 북면에 쌍탑 형태로 조성되어 있으며, 두 마애탑 상단에는 화려하게 장식한 보개 아래에 연화대좌를 새기고 여래상을 모셨다. 통일신라시대에 조성된 마애탑으로 알려져 있다.

마애 여래상은 연화대좌, 수인은 대의에 가려져 알 수 없다. 신광은 생략하였고 두광은 화문으로 장식하였으며, 소발에 육계가 분명하다. 마애탑 앞에는 두 마리의 사자가 마주보고 있다. 마애구층탑 앞 사자는 갈기가 없으며 마애칠층탑 앞 사자는 갈기가 있어 암수 사자임을 알 수 있다. 또한 구층탑 위에서 천의를 휘날리며 여래상으로 향하는 2구 비천상을 새겼다.

| 탑곡 |

| 마애구층탑 |

| 마애칠층탑 |

두 탑은 목탑형 마애탑으로 2층 기단, 옥개석 추녀에 풍탁이 걸려 있으며, 육안으로 뚜렷하게 구분되지 않으나 탁본을 통해 노반, 복발, 앙화, 보륜, 화염보주 등 상륜부가 남아 있는 것을 알 수 있다.

3. 경주 남산 탑곡 제1사지 마애조상군 마애오층탑

배반동 탑곡불상군 남동면에 선각으로 간략하게 새겨진 목탑형 오층마애탑이다. 육안으로는 식별되지 않으며 탁본 자료[188]에 의하면 2층 기단, 초층 탑신석 상부에는 휘장을 드리우고 문비에 문고리를 새겼다. 전 층 옥개석에 풍탁이 있으며, 상륜부에는 노반 등을 묘사했다. 탑 뒤편 좌우에는 연화좌와 두광을 갖춘 여래상을 봉안하였다.

| 탑곡 |

석탑 좌측 전면에는 합장한 상과 코끼리 상을 새겼다. 탑, 불상 등 별개의 도상이 아니라 불교 의례 장면을 묘사한 것으로 추정된다고 한다. 2022년 3월 경상북도 문화재자료로 지정되었으며, 탑곡 마애불상군 마애 쌍탑 이후에 조성된 작품으로 알려져 있다.

188 위 오호석 논문 162페이지 실린 최원정의 배반동 마애탑 실측도

4. 경주 백률사 마애삼층탑

| 마애삼층탑 |

백률사 대웅전 앞 암벽에 새겨진 석탑형 마애삼층탑이다.
단층 기단의 삼층 탑신부와 상륜부를 갖추었다. 상층 기단 갑석 아래에는 부연을 표현하였으며, 초층 탑신석에 비해 상층 탑신석의 체감이 급격하다. 옥개석 낙수면 물매가 급하며, 전각에는 반전이 있다. 옥개석 층급받침은 전 층 3단이며, 각형 1단 탑신 굄을 마련했다. 상륜부의 부재는 육안으로 분명하게 구분되지 않는다.
탑신부에 새겨진 명문은 석탑과는 무관한 후대에 새긴 글이다. 단층 기단, 옥개석 층급받침의 변화 등을 고려하면 8세기 중반 통일신라의 전형적인 삼층석탑 형식을 지닌 9세기 마애탑으로 추정된다.

5. 경주 백률사 사방 석주 마애탑

동국대 경주박물관에 소장 중인 백률사에서 출토된 사방 석주의 하나이며. 국립 경주박물관, 서울 동국대 박물관에도 각각 한 점이 있다. 전체적인 모습은 알 수 없으나 남아 있는 4개 탑신석, 4개 옥개석으로 미루어 5층탑 이상의 탑으로 추정된다.

| 백률사 사방주석 |

탑신석에는 우주를 모각하였고, 옥개석 낙수면 물매가 급하며 전각의 반전이 날렵하다. 풍탁이 달린 옥개석의 층급받침은 전 층 각형 3단, 탑신 굄은 전 층 1단 각형이다. 위 오호석의 논문에 실린 사진에 의하면 석주 상륜부는 각각 서로 다른 모습이다. 특히 한 면의 석주 상륜부는 남산 탑곡 마애불상군 마애구층탑과 흡사하다. 조성시기는 통일신라 후기로 전한다.

6. 경주 표암 마애삼층탑

2011년에 발견된 표암 마애 삼층탑은 불전, 탑, 당간지주가 함께 새겨져 있다. 불전 내부에 봉안된 불상은 자유분방하고 육계와 귀가 크며 선정인 수

| 표암 마애삼층탑 |

인이다.[189] 마애탑은 목탑형으로 기단, 탑신부, 상륜부를 갖춘 삼층탑이다, 단층 기단이며, 옥개석에는 풍탁이 달려 있다.

불상이 봉안된 전각과 마애탑을 함께 새긴 사례는 경주 남산 탑곡 1사지 마애조상군에도 있다. 그러나 당간지주와 幡을 새긴 사례는 국내에서 유일하다. 조성 시기는 육안으로 구분되지 않으나 당나라 현종 때의 연호인 天寶 명문으로 8세기 중반으로 추정한다. 한정호는 불전의 용마루 끝의 치미와 당간의 유행 시기를 고려하여 고려시대 이후는 내려가지 않을 것으로 보고 있다.[190] 탑곡 1사지 마애조상군과 더불어 불교 의례를 집전하는 도상으로 추정된다고 한다.

7. 경주 근계리 마애삼층탑

근계리 용운사 석불입상 배면에 새겨진 마애삼층탑이다. 9세기에 조성된 불상으로 추정되는 석불입상은 광배와 한 돌에 새겼다.

광배 중앙 상부와 불두가 훼손되어 복원한 모습이며, 삼도가 있고, 오른손은 허리에 두고, 왼손은 들어 가슴에 올린 수인이다. 통견의 법의, 사선형 승각기, 대의 자락은 무릎에서 연속적으로 타원형을 이루며 흘러내렸다.
매애삼층탑은 기단부와 상륜부가 망실된 상태이다.

초층 탑신석에는 연화좌 위에 여래좌상을 봉안하였다. 소발, 항마촉지인, 통견의 법의로 보인다.

---

189 한정호. 경주 표암 마애선각화에 대한 고찰. 新羅文化. 제41집 (2013년 2월), pp.467-488 東國大學校 新羅文化硏究所

190 한정호, 위(5) 논문

| 마애삼층탑 (전) |

| 마애삼층탑 (후) |

탑신석에는 우주가 생략되었으며, 풍탁이 없는 옥개석의 낙수면 물매는 급하고 전 층 각형 4단 층급받침이 뚜렷하다, 근계리 마애탑은 9세기 후반에 조성된 것으로 추정되는 석탑형 삼층탑이다.

탑신석에는 우주가 생략되었으며, 풍탁이 없는 옥개석의 낙수면 물매는 급하고 전 층 각형 4단 층급받침이 뚜렷하다.

근계리 마애탑은 9세기 후반에 조성된 것으로 추정되는 석탑형 삼층탑이다.

| 마애탑 석불좌상 |

8. 경주 안계리 마애삼층탑

| 안계리 석불좌상 |

강동면 안계리사지의 석조 여래좌상 옆 방형 대좌로 추정되는 석조부재에 새겨진 탑이다.

석불좌상은 화재와, 훼손 등으로 본 모습을 잃었지만 머리는 소발이며. 백호가 있다. 법의는 우견편단이며, 목에는 삼도가 뚜렷하고, 어깨는 당당하고 허리는 잘록하다. 결가부좌, 항마촉지 수인의 석가여래이다. 팔각 대좌 하대석에는 안상과 복련을 새겼고, 복원한 중대석, 상대석은 3겹 앙련으로 장식하였다.

마애탑은 석불좌상과 별도의 불상으로 추정되는 장방형 대좌 한 면에 여래입상, 공양상과 함께 새겨져 있다. 마애탑이 새겨진 반대편에는 공양상 2구가 음각되어 있고, 좌우 측면에는 암수 사자상을 새겼다. 마애탑은 2층 기단으로 추정되며, 탑신석, 옥개석만 뚜렷하고, 상륜부는 명확하지 않다. 층급받침 등이 없어 목탑형 마애삼층탑으로 생각된다. 조성 시기는 통일신라 하대 작품으로 알려진 석조여래좌상과 동시대일 것이다.

| 안계리 마애삼층탑 |

경주에 현존하는 방형석불대좌는 용화사, 기림사, 남산 용장계 절골사지 약사여래좌상, 남산 약수곡 4사지 석불좌상, 양조암골 1사지 석불좌상, 경주 이거사지에서 반출된 청와대 석불좌상에서 찾을 수 있다.

9. 봉화 북지리 마애삼층탑

봉화 북지리 지림사 경내 대웅전 뒤 암벽에 자리한 마애 삼층탑이다.

지림사에는 암벽을 파내고 감실을 마련하여 봉안한 국보로 지정된 마애여래좌상이 있다. 훼손이 심하지만 7세기 말에 제작된 거대석불로 소발의 머리, 통견의 법의, 층단식 옷 주름이 대좌를 덮은 상현좌이다. 두광과 신광에는 화불을 안치하고 두광 중앙은 연화문으로 장식하였다. 수인은 시무외인, 여원인으로 추정된다.

| 북지리 마애여래좌상 |

| 북지리 마애삼층탑 |

마애탑은 마애여래좌상과 이어진 암벽에 감실 속의 마애여래삼존과 같이 새겨져 있다. 간략하게 새긴 마애삼존은 약간 거리를 두고 있으며, 연화대좌 위에 결가부좌하였고 두 손은 합장한 모습이다.

저부조의 마애탑은 단층 기단의 삼층석탑으로 상륜부를 표현했다. 탑신석에는 우주를 생략하고, 옥개석 낙수면 기울기는 급하며, 층급받침이 보이지 않아 목탑형 마애탑으로 추정된다. 7세기 후반에 조성된 불상으로 전하는 북지리마애여래좌상과 동시대에 조성되었을 가능성이 높다. 따라서 북지리 마애삼층탑은 우리나라에서 가장 이른 시기의 마애탑으로 생각된다.

10. 청도 불령사 마애삼층탑

청도군 매전면의 불령사에는 경상북도 유형문화재로 지정된 3층 전탑이 있다. 본래는 3층이었으나 무너진 탑을 5층탑으로 복원하였다가 근자에 본모습을 찾았다. 옥개석 상부 층급에는 당초문과 누각을 새겼으며, 진흙으로 구

| 불령사 삼층전탑 |

운 벽돌을 쌓은 탑신석에는 연꽃 대좌 위에 수인을 대의 자락에 숨긴 불상과 석탑을 서로 교차하여 돋을새김 하였다. 이러한 까닭에 이 탑을 천불천탑으로 칭하며, 일설에는 신라 선덕여왕 재위 시절 최고의 장인으로 손꼽혔던 양지 스님 작품으로 추정한다.

마애탑은 2층 기단에 삼층 탑신부와 상륜부를 갖춘 석탑형이다. 통돌로 상,하기단을 쌓았으며, 상층기단 갑석 하부에는 부연을 새겼다. 풍탁이 달린 전 층 옥개석 하부의 층급 받침은 2단이며, 낙수면 물매가 급한 옥개석 상부의 층급은 전 층 2단이다. 탑신석에는 우주를 생략하였고, 상륜부에는 노반, 복발, 앙화, 보륜, 보개 등을 갖추었다.

| 불령사 탑상문전 삼층탑 |

전탑의 벽돌에 새겨진 불상과 탑은 塔像文塼이라고 한다. 탑상문전은 청도 불령사 삼층석탑, 부산시립박물관, 통도사박물관, 울주 농서면 중산리사지(동국대 경주박물관 소장), 경주 석장사지(동국대 경주박물관 소장), 단국대 석주선 박물관에도 있다. 부산시립박물관과 통도사에 소장 중인 탑상문전은 동일 전탑의 탑상문전으로 추정된다.

| 불령사 탑상문전 삼층탑 |

塔像文塼

| 부산시립박물관 |

| 통도사 |

| 울주 중산리 |

| 경주 석장사지 |

| 단국대 석주선 박물관 |

11. 대구 읍내리 마애불상군 마애구층탑

| 칠곡 읍내리 마애불상군 |

| 칠곡 읍내리 마애구층탑 |

대구시 북구 읍내리 안양마을에 있는 마애탑이다. 마애구층탑은 병풍처럼 펼쳐진 바위에 불상, 보살상 등 32구와 함께 조성되어 있다. 지금까지 알려진 경주 탑곡 마애불상군의 29구 불보살상이 국내 최대이었으나, 읍내리 마애불상군은 더 많이 새겨져있다.

특히 본존불은 구미 금오산 마애보살입상처럼 두 암벽 가장자리에 돌출된 여래상으로 연화대좌 위에 시무외인, 여원인 수인의 여래좌상이다.

마애구층탑은 마애불상군 향좌측에 선각으로 새겨져 있다. 기단부는 높게 암괴형처럼 마련하고 옥개석 9개, 탑신석 9개, 상륜부에는 노반, 복발, 앙화, 보개, 보주, 용차가 뚜렷하다. 특히 초층 탑신석에 비해 상층 탑신석의 체감이 급격하다. 옥개석 층급받침이 없지만 석탑형으로 보인다. 마애불상군의 본존, 관음보살, 삼존불 등은 통일신라시대에 조성한 상으로 추정한다. 하지만 필자가 2000년 초반 답사하였을 때 만난 마을 노인은 자기가 어렸을 때 배를 타고 들어가서 상을 새기는 사람을 직접 보았다고 했다. 존상들에 따라 조성 시기가 다르다는 설도 있으며, 정확한 조성 시기는 아직 정립되지 않은 것 같다.

12. 하동 금오산 마애구층탑

| 금오산 마애여래좌상, 마애구층탑 |

마애 구층탑은 하동 금오산 정상 부근 바위 속에 마애여래좌상과 함께 새겨져 탑상문전 느낌이다.

마애여래좌상은 앙련과 복련으로 장식한 대좌 위에, 설법인을 하고 있으며. 소발의 머리에 육계가 높고. 목에는 삼도를 표현하였다, 법의는 변형 이중착의법이며, 대의 자락이 대좌를 덮고 있는 상현좌이다. 광배는 원형 거신광, 원형 두광으로 특별한 장식은 없다.

| 금오산 마애구층탑 |

마애구층탑은 단층 기단의 구층탑으로 탑신부와 상륜부가 온건히 새겨져 있다. 단층 기단 저석은 석탑에서도 흔치 않은 雲足形이며, 중석과 부연을 생략한 갑석으로 구성되었다. 탑신부는 층급받침이 생략되고, 낙수면 물매가 급한 9개 옥개석과 탑신석이 뚜렷하다. 상륜부는 노반, 복발, 보륜을 갖춘 것 같으나 육안으로는 쉽게 식별되지 않는다.

석탑 운족형 기단

| 금오산 |

| 마곡사 5층석탑 |

| 묘적사 팔각 다층탑 |

| 수종사 팔각오층석탑 |

마애여래좌상은 경상남도 유형문화재로 지정된 고려시대 상으로 추정하였다. 그러나 마애탑의 雲足形 기단부는 고려 말 개성 경천사지 10층 석탑, 공주 마곡사 5층 석탑에서 나타나며, 여주 신륵사 보세존자사리탑 앞 석등, 공민왕릉 장명등에 보인다. 이후 남양주 묘적사 팔각다층석탑, 남양주 수종사 팔각오층석탑을 비롯하여 부도, 왕릉 등 주로 조선시대에 등장한다.

13. 평창 상원사 적멸보궁 마애오층탑

| 상원사 적멸보궁 |

평창 상원사는 부처의 진신 사리를 봉안하고 있는 우리나라의 5대 적멸보궁(평창 상원사, 양산 통도사, 인제 봉정암, 영월 법흥사, 정선 정암사)의 한 곳이다. 적멸보궁은 불단에 석가여래를 안치하지 않고 창을 통해 참배할 수 있는 구조의 전각이다.

마애오층탑은 적멸보궁에 세운 기단, 비신, 비머리를 갖춘 비석 전면에 음각되어 있다. 마애오층탑은 기단 저석, 중석, 갑석으로 결구된 단층 기단이다. 중석에는 우주와 탱주 5주를 모각하였고, 낙수면 물매가 미미한 갑석 상부에는 2단 굄을 조출하였다, 탑신부의 옥개석 상부에는 1단 굄이 있고, 1단 각형 층급 받침을 새긴 것으로 추정된다. 상륜부는 육안으로는 쉽게 구분되지 않는다.

| 상원사 적멸보궁 |

탑비 뒷면 문양은 유가심인도(다라니도), 금강삼매도, 다라니 도상, 보주 등의 명칭으로 불려진다. 유가심인도는 대구 달성 대견사지, 남원 승련사, 광주민속박물관 십신사지 석비, 현대에 새긴 안동 고심사 고심거사 부도, 가평 백련사 관조당 탑비에도 있다. 불교유적이 아닌 사례로는 조선초기(1453년)에 조성한 경남 합천의 권계복 무덤 호석에도 있다.

14. 안동 고심거사 부도 마애오층탑

| 고심거사 부도 |

통일신라시대에 조성되었으며, 국가지정 보물인 안동 평화동 삼층석탑 옆 고심거사 부도에 새겨져 있다.

고심사와 관련 있는 재가신도로 추정되는 고심거사 부도는 평창 상원사 적멸보궁 탑비를 모방한 부도이다. 방형 대석, 장방형의 비신, 머릿돌을 갖춘 부도 전면에는 고심거사 부도탑 명문을 새겼다. 후면에는 마애 오층탑, 측면 측면에는 유가심인도(다라니도)를 새겼다.

| 고심거사 부도 |

| 고심거사 부도 |

마애 오층탑은 상원사 탑비처럼 기단 저석, 중석, 갑석으로 결구된 단층 기단이다. 중석에는 우주와 탱주 5주를 모각하였고, 낙수면 기울기는 미미하며 갑석 상부에는 2단 굄을 조출하였다, 탑신부의 옥개석 상부에는 1단 굄이 있고, 1단 각형 층급 받침을 새긴 것으로 보인다. 상륜부는 여러 부재가 있으나 노반 등 부재가 분명하지 않아 구분하기 힘들다. 최근에 조성된 부도에 새겨진 마애오층탑이다.

15. 용인 세중 옛돌 박물관 마애삼층탑

| 용인 옛돌박물관 |

옛돌박물관 야외전시장의 많이 전시된 문석인 사이에 있다. 이곳 문석인은 홀뿐만 아니라 탑, 연꽃, 동자 등 다양한 물체를 들고 있다.

마애 삼층탑은 단층 기단의 삼층탑으로 상륜부도 온건히 새겼다. 단층 기단은 저석, 탱주 1주와 우주를 모각한 중석이 있고, 편평하고 상부에 1단 굄을 조출한 갑석으로 짜여졌다.

모든 층 탑신석에는 우주를 모각하였고, 낙수면 기울기가 급한 옥개석의 층급받침은 전 층 각형 1단이다. 상륜부는 노반, 복발, 보주를 새긴 것 같다. 문석인이 조선시대 석물이므로 조성 시기를 쉽게 알 수 있다.

16. 법주사 상고암 마애북방다문천왕 마애삼층탑

상고암은 대한불교조계종 5교구 본사인 법주사의 산내암자이다. 720년(성덕왕 19)에 창건하였으며, 처음은 법주사를 짓기 위한 목재를 저장하여 두던 창고로 이용되다가 뒤에 암자로 바뀌었다고 한다. 또, 일설에는 비로봉을 중심으로 해서 모자성을 구축하고 군량미를 비축하였다고 해서, 뒷날 상고암이라 부르게 되었다고 한다. 그 뒤 1876년(고종 13) 仁明이 중창하였고, 1897년 普峰이 다시 중수하였으나, 광복 후에 황폐화되었다.

| 마애 사천왕상 |

1963년 法慧의 원력으로 옛터에 법당을 다시 세웠고, 1975년 극락보전을, 1976년 영산전, 산신각과 남북통일기원탑을 세워 오늘에 이르고 있다. 원래 속리산에는 上庫, 中庫, 下庫의 三庫가 있었는데 중고암, 하고암은 약 70년 전에 파괴되었다고 하며, 상고암은 속리산에서 가장 높은 곳에 있는 암자이다.[191]

---

191 한국민족문화대백과사전

| 마애 북방다문천 |

상고암 향좌측 큰 암반에 마애사천왕상과 보살좌상 2기가 새겨져 있다. 보살상은 좌상이며, 동방 지국천왕은 비파, 남방 광목천왕은 칼, 서방 광목천왕은 용과 여의주, 북방 다문천왕은 왼손에 삼층탑을 지물로 들고 있다.

석탑형 마애탑으로 기단부, 옥개석 층급받침 등은 생략되었고, 상륜부에는 노반과 복발만 새긴 것 같다. 사천왕상을 한 암벽에 새긴 유일한 사례이며, 조성 시기는 정확히 전하지 않는다.[192]

192 법주사 상고암 마애사천왕. 임병기(선과). 2017년 (https://12977705.tistory.com)

맺음말

직접 답사한 우리나라의 마애탑은 7세기 후반에 조성하여 마애탑의 시원으로 추정되는 봉화 북지리 마애삼층탑으로부터 최근에 조성한 안동 평화동 고심거사 부도까지 경주 지역을 중심으로 전국에 16기가 있다.

16기 가운데 이른 시기에 조성된 목탑형 마애탑은 6기이며, 석탑형 마애탑은 10기이다. 또한 마애탑은 삼층탑 8기, 오층탑 3기, 칠층탑 1기, 구층탑 3기, 층수 불명확 1가 분포하고 있다.

경주 남산 탑곡의 마애구층탑, 마애칠층탑, 마애 오층탑, 대구 읍내리 마애구층탑처럼 암벽 전면에 많은 상과 함께 조성된 경우는 불교의 특별한 의례를 집전하는 장면을 묘사한 것 같다. 또한 당간지주, 전각의 불상, 탑을 새긴 표암 마애탑도 사찰 배치를 표현한 것이 아니라 탑곡 마애탑처럼 사찰의 행사와 관련된 도상으로 추정된다.

마애탑을 단독으로 조성한 백률사는 좁은 공간을 활용한 구도이며, 봉화 북지리는 마애 삼존불, 하동 금오산 마애탑은 마애불과 함께 조성되었다. 경주 근계리 마애탑은 석불입상과 한 돌인 광배 뒷면에, 경주 안계리 마애탑은 불상 방형대좌에 공양상, 사자상을 전후, 좌우에 새겼다.

청도 불령사 마애탑은 삼층전탑 탑상문전이며, 평창 상원사 마애탑비, 안동 평화동 탑비에는 유가심인도(다라니도)사 새겨져 있다. 마지막으로 용인 옛돌박물관 문인석에 홀 대신 새긴 마애탑은 목적과 상징성을 파악할 수 없어 아쉬움으로 남는다.

지금까지 서술한 내용은 학자, 전공자의 관점이 아니라 답사객의 시선이어서 심도 있는 분석보다는 분포 현황을 소개한 글이다. 따라서 양식 변화의 세부적인 전개 과정, 조성 시기, 도상 비교, 관련성, 경주에 집중적으로 분포한 사유 등을 구체적으로 기술할 수 없었다. 바람이 있다면 소개한 마애탑이 문화유산 답사를 즐기는 사람들에게 안내서가 되었으면 좋겠다.

참고 문헌

1. 논문

-한상길. 禪學. 조선후기 사원의 불사와 寺刹契. 한국선학회. 2011년 4월 30일

-엄기표. 조선시대 마애부도의 특징과 조성 배경. 동악미술사학. 제19호. 2016년

-이지원. 조선후기 마애부도 연구. 안양지역을 중심으로. 용인대학교 석사학위 논문. 2020년

-엄기표. 순천 선암사 조선후기 부도의 양식과 의의. 호남학 58집 전남대 학교호남학연구원. 2015년

-최선일. 보응문성 작 정읍 약수암 소조관음보살좌상 연구. 불교미술사학 제30집. 2020.10

-오호석. 신라시대 마애탑에 대한 고찰. 한국고대사탑구회. 2012년

-한정호. 경주 표암 마애선각화에 대한 고찰. 新羅文化. 제41집 (2013년 2월), 東國大學校 新羅文化硏究所

2. 보고서, 단행본. 언론, 백과사전

-이규보 동국이상국전집 제35권. 한국고전 종합 DB

-기대승. 고봉전서(高峯全書). 고봉속집 2권. 한국고전종합 DB

-東師列傳 第四. 불교학술원 아카이브

-경허집. 불교학술원 아카이브

-한국의사찰문화재.부산.울산.경남(2)자료집.문화재청.(재)불교문화재연구소. 2010년

-한국의사찰문화재.경남(1)자료집.문화재청.(재)불교문화재연구소. 2009년

-한국의사찰문화재.서울시자료집.문화재청.(재)불교문화재연구소.2013년

-한국의사찰문화재.인천.경기자료집.문화재청.(재)불교문화재연구소.2013년

-삼성산을 중심으로 한 안양지역 불교유적학술연구 보고서. 안양문화예술재단. 안양박물 관. (재)불교문화재연구소. 2021년

-한국의 사지현황조사보고서 전라남도(1).문화재청. 2011년

-한국의 사지. 전라북도 上. 문화재청. (재)불교문화재연구소. 2016년

-한국의사찰문화재 경북2.자료집. 문화재청.(재)불교문화재연구소. 2018년

-한국의사찰문화재대구.경북자료집.문화재청.(재)불교문화재연구소. 2007년

-디지털 도봉구 문화대전

-부산 역사문화대전. 금정구

-한국민족문화대백과사전

-두산 백과사전

-다음(Daum) 백과사전

-네이버(NAVER) 지식백과

-위키 백과사전

-근현대 선지식의 천진면목(73). 불교신문 2572호.

-울산의 설화(63). 온산 대운산 도통골. 울산매일(2015.11.19)
-월간 古鏡. 1998년 6월(통권 10호). 선시 산책. 박상준
-월간 해인. 2008년 10월(통권320호), 무위자연의 도인 인파스님

3. 홈페이지

-서울 도선사
-서울 내원사
-서울 천축사
-서울 봉원사
-남양주 불암사
-춘천 청평사
-단양 군청
-구례 화엄사
-예천 군청
-영천 은해사
-문화재청
-합천 해인사 원당암
-산청 대원사
-하동 쌍계사
-고성 옥천사
-양산 통도사
-함양군청
-김천 청암사
-함양군청

4. 표 목록

-표11. 전남. 전북의 마애부도 현황
-표12. 대구. 경북의 마애부도 현황
-표13. 부산의 마애부도 현황
-표14. 울산, 경남의 마애부도 현황
-표15. 마애탑 분포 현황

5. 사진 목록(답사 동호회 회원 제공)

-서울 봉원사 마애부도. 이계재
-서울 학도암 마애부도. 임성환
-서울 인왕산 석굴암 마애부도. 이계재
-남양주 불암사 청송당 마애부도. 임성환
-구리 아차산 마애부도. 이계재
-가평 백련사 관조당 마애부도. 곽명기
-춘천 청평사 벽운당 마애부도. 최정애
-단양 기봉당 대사. 궤운 마애부도. 조용민
-경주 원원사지 부도. 양주석
-여주 신륵사 부도. 양주석
-대구 파계사 현응대사 부도. 최석훈
-정읍 장문리 마애부도. 임성환
-상주 북장사 경암당 마애부도. 이계재
-영천 은해사 하씨 청덕화 마애부도. 백유선
-영천 은해사 운부암 현판. 김현동
-합천 인파당 마애부도 후면. Daum(출처 불명)
-부산 김극락원 사리탑. 임성환
-부산 동곡당. 무운당 마애부도 명문. 임성환
-창녕 삼성암 황씨 마애부도. 임성환
-양산 통도사 구봉당 진영. 문화재청
-경주 탑곡 마애구층탑. 칠층탑. 오층탑. 백유선
-경주 근계리 마애삼층탑. 백유선
-하동 금오산 마애구층탑. 백유선
-남양주 묘적사 팔각칠층석탑 기단. 양주석
-남양주 수종사 팔각오층석탑 기단. 양주석
-평창 상원사 적멸보궁 마애오층탑. 류성목
-안동 고심거사 마애오층탑 후면. 이철숙
-용인 옛돌박물관 문인석 마애삼층탑. 이계재
-양산 통도사 탑상문전. 경주 석장사 탑상문전. Daum(출처 불명)

6. 답사기 목록

옛님의 숨결. 그 정취를 찾아. 임병기(선과)
다음 티스토리(https://12977705.tistory.com)
다음 카페(cafe.daum.net/moonhawje)에 각각 등재

-춘천 청평사 부도. 마애부도. 2019년
-함양 안국사 은광대화상 부도. 2016년
-남양주 수종사 팔각오층탑. 삼층석탑. 부도. 2013년
-공주 마곡사 대원암 부도전. 2019년
-서울 김상궁 마애부도. 2017년
-서울 호국지장사 마애부도. 2018년
-서울 내원사 마애부도. 2018년
-서울 천축사 마애부도. 2019년
-서울 원통사 마애부도. 2019년
-서울 봉원사 마애부도. 2018년
-서울 사자암 마애부도. 2018년
-서울 안양암 마애관음보살, 마애부도. 2013년
-서울 학도암 마애부도. 2018년
-서울 인왕산 석굴암 마애여래입상. 마애산신. 마애부도. 2018년
-서울 도봉산 식당바위 마애부도. 2019년
-안양 반월암 서영당 마애부도. 2019년
-우리나라의 환적당 지경 승탑. 2022년
-안양 염불사 마애부도. 2019년
-부산 금정산의 마애부도(2). 2018년
-안양 불성사 마애부도. 2019년
-남양주 불암사 마애부도. 2015년/2019년
-남양주 내원암 종형부도. 마애부도. 2022년
-남양주 임꺽정봉. 2022년
-구리 아차산 대성암 마애부도. 2018년
-고양 북한산 상운사, 2017년
-춘천 청평사 부도. 마애부도. 2019년
-단양 황정리 기봉당대사 궤운 부도. 2018년
-우리나라의 범자문 부도. 2018년
-단양 청련암 목조보살좌상. 2014년
-영주 소백산 희방사 동종. 부도. 2017년
-금산 개덕사 마애부도. 2021년
-곡성 길상암지 마애부도. 2018년

-순천 선암사 부도전. 2017년
-구례 화엄사 부도전. 2017년
-파계사 대비암 현응대사탑비와 승탑원. 2021년
-정읍 장문리 마애부도. 2017년
-무주 삼공리 마애부도. 2019년
-영주 소헌왕후 태실. 2020년
-홍천 정희왕후 태실. 2020년
-예천 제헌왕후 태실. 2018년
-예천 용문사 마애부도. 2018년
-우리나라 사찰의 하마비. 2020년
-영천 은해사 마애부도. 2018년
-청도 신둔사 마애부도. 2016년
-봉화 지림사. 2017년
-부산 김극락원 사리탑. 2019년
-부산 금정산 마애부도. 2019년
-부산 청신녀 구씨 만련화사리탑. 2018년
-부산 태호당 대안선사 마애부도. 2018년
-울산 낙양당 성관 마애부도. 2018년
-의령 백련사 목조보살좌상. 2015년
-창녕 관룡사 용선대 마애부도. 2014년
-창녕 삼성암 마애부도. 2017년
-산청 대원사 부도전. 2016년
-하동 쌍계사 부도. 2016년
-고성 옥천사 마애방광사리탑. 2018년
-양산 통도사 마애부도. 2019년
-함양 벽송사. 도마사지. 2020년
-우리나라의 마애탑. 2017년
-법주사 상고암 마애사천왕. 2017년